【文庫クセジュ】

家族の秘密

セルジュ・ティスロン著
阿部又一郎訳

白水社

目次

日本語版序文　秘密という牢獄

セルジュ・ティスロン

秘密を保持できることは、しばしば優れた能力のようにみなされる。確かに、その通りである。職業人にとって、まずは守秘義務が重視される。家族にもまた、各々をつなぐ関係性や、共有する人づきあいに関する情報を秘密にしておく権利がある。それらが共通の法や掟に違反せず、どの家族構成員もその犠牲とならない限りであるが。とどのつまり、誰もがプライベート上の秘密を持つ権利がある。誰も、殊に国家ですら、私たちの生《せい》のすべてを知るわけではない。各々が、保護された親密性という空間「親密圏」とつながる権利がある。

だが、各々が秘密に対する権利を持つからといって、それにより共同体の唯一の生の規範が構成されるわけではない。家族の規範を成立させるのは、さらに困難である。ともに生きるためには、相互の信頼関係が構築できなければならない。それが、秘密を共有する上で最適なやり方で織り成される。自己を語ることで快（喜び）が味わえ、その快が、つながりの力を増幅させることさえわかってきた。私たちは、自分の話しを聞いてくれて、かつ、自分にも話してくれるような相手とつながりを持つ。なぜなら、相互的であるとき、私たちの承認や信頼が、より強まるからだ。家族みんなが、自分のことや、自分の過去や現在、それぞれの夢や不安について少しでも語っていれば、それは非常にレジリエントな家族といえる。[*1]すなわち、そうした家族は、あらゆる性質の攻撃にも抵抗できるのだ。

もちろん、私たちの過ぎ去った人生には、時に心安らげない側面もある。私たちは、それをなかったことにしようとする。過去を書き換える代わりに、それを忘却しようと何でもする。だから、それについて一言も口にしない。周りの者たちは、私たちのためらいや、口の重さに気がつく。だが、当人に問いかけることはせず、同じように、沈黙を守るのだ。その沈黙のもとで、他者と共有して生きることになる。[*2]家族のコミュニケーションは、共同生活をできる限り守るために、いくつかのやりとりだけに限定される。買い物や、子どもの学校の送迎、宿題の手伝い、税金の支払い、などである。居間のテレビで映画鑑賞しても、内容についての会話はなかったりする。沈黙の掟を破ることをおそれ、誰もそれを心から望まず、求められもしないと、知らず知らずのうちに、その状況に甘んじていく。

時にはそれが、生涯続くこともある。すべては、家族メンバーに互いに埋葬された過去が、決して蘇らないことを示しているようである。だが、未来をコントロールできる者など誰もいない。そして過去はといえば、考えられていたほど過去となっていないことがある。それは亡霊のように、最もそれを望まないときに立ち現われ、安定していると信じ込んでいた均衡を揺るがす。その安定は、実際のところ現実のコミュニケーションがないなかで構築されたがゆえに、極めて脆弱なものである。

これが、秘密を保持する者のパラドックスである。沈黙する者は、黙っていることで状況をよりコントロールできると信じてそのようにする。しかし、その沈黙は、物事の進展についての当人の統制力を完全に失わせる。弊害をうまく回避しようと秘密を言わずにいようと決めることで、さらに状況を悪化させるのだ。これこそ、深田晃司監督が制作した映画『淵に立つ』〔二〇一六年公開、英題 *Harmonium*〕が私たちに語りかける物語である。

物語（歴史）なき家族

父親の利雄は、小さな金属加工工場を営んでいる。妻の章江は、自分の時間の大部分を煩雑な仕事につぎこみ、それ以外は、幼い娘の蛍の世話をしていた。章江は、夫の利雄がいつも何かが気がかりな様子で、ますます近寄りがたい雰囲気が感じられることを懸念している。この家族のなかでは、現在の生活についても過去も、何も語られていない。ただそれでも、食卓はいつも一緒に囲んでいる。奇妙なことに、テーブルの周りには椅子が四つあり、利雄の隣が空いているかのようである。映画はそのうち、そこが家族全員の記憶に取りつく秘密の人物の席であることがわかってくる。

ある朝、ひとりの男が利雄の工場の入り口に現われる。二人の男は、すぐにお互い誰だかわかる。その日から、八坂は、利雄の工場で働き始める。その晩、八坂は夕食を食べに利雄たちの家の戸を叩き、空いていた席に座る。それはまるで、幽霊が、ごく自然に、家族のなかで自分の居場所を見つけるかのようだ。八坂は刑務所から出所したばかりだが、ある秘密にしている罪が、彼と利雄とをつないでいた。利雄の生活は、頑なな沈黙に包まれていた。利雄の沈黙は、罪責感の伴った秘密を覆い隠して、明かされることをおそれていたからであった。八坂はだんだんと、その覆いをはがしていく。だがその前に、八坂に家に居候させる提案をどうして言わなかったのかと問い詰める妻の章江に、利雄は次のように答えるのだ。「別にいう理由もなかったから」。

というのも、この家族は、各々が語らなくてもやっていけていたからだ。とどのつまり、それぞれが沈黙を保持することに同意して、何ら問いただすこともなく、各々の活動に従事していれば十分である。実際、自らの生活にとって本質的な出来事を隠し始める者は、決まって何も語らなくなったり、自分が懸念していることとは全く別のことを話すようになる。私が思い出すのは、分析治療に訪れていたある男性のケースである。その男性は、妻と一緒に住んでいたが、タバコを買いにアパートを出ていくとき、妻にはいつも近くのカフェでちょっとビールを飲みにいくと伝えていた。それでいて、ビールを飲みに行くときには、決まってタバコを買いに行くと言って出かけていた。

周りの者たちは、黙っていないといけないことをすぐに理解する。みなが愛するその人が、沈黙を望んでいるときには。映画のなかで章江は問い続けるが、それはもはや、返答など期待していないかのようである。おそらく、じきに娘の蛍も、そうすることを規範として内在化させるようになるだろう。だが八坂は、秘密を語ることになる。あるとき喫茶店で、章江と二人だけのとき、八坂は自らの犯した殺人について密かに打ち明け、章江を驚愕させる。さらには、八坂は自分が抱える恥や罪責感も告白したのである。それとともに、娘の蛍のオルガンの練習に惜しまずつきあってくれる彼の優しさにも、章江は心ひかれていく。

利雄は、章江と八坂とを結び付けていく隠し事にうすうす気づき出すうち、八坂が、かつて一緒に犯した罪を章江に打ち明けてしまうのではないかと不安になる。秘密をコントロールしようと望んだ者が、実際には、他人がそれを打ち明けてしまうのではという不安に絶えず苛まれつつ生きることになる。そして、その秘密を知っている相手に、何も話さないようにと勧告して安心しようとしても、隠そうと望む者の目には、ごくわずかな出来事ですら、真実が突如として明らかになるのではという不安に常におそわれるのだ。

袋小路の物語

映画では、実際、ある痛ましい出来事が生じるのだが、その原因は、利雄にも章江にとっても、また観る側からしてもはっきりしない。娘の蛍が頭に怪我をしているのがみつかり、重い障害と健忘が残る。八坂は、その事故が起きた現場で当惑し、姿を消すことになる。利雄は、興信所の調査を頼んで、失踪した八坂を探させる。それから八年が過ぎる。映画では、利雄の工場の入り口に、ひとりの新人の若者が現われる。利雄は、孝司という名のその若者をすぐに雇い入れる。実は、孝司は八坂の息子であったのだが、父親のことを全く知らず孤児として育っていた。かつて父親が働いていた工場で、父についての情報が得られるのではと考えていた。孝司は、自らの出自について何ら隠し立てすることもなかった。だが、それとは反対に、利雄の方は、妻を動揺させるという心配から、素性を話すことを若者に禁じた。数日後、若者のリュックサックから二枚の写真がすり落ちる。章江はそれにすぐに気づいた。十数年以上も昔に、その写真を撮って八坂に渡したのは章江本人であった。八坂はそれを息子の母親に渡していた。利雄は、真実が唐突に暴かれる衝撃から妻を守ろうとして、より一層、唐突な発見に直面させる条件を創り出してしまったことになる。章江は再び、そのことをどうして自分に話さなかったのかと利雄に問いただす。夫の応答は、いつも同じであった。話して何になるのだ、と。

確かに、過ぎたことを話したところで、実際に過去が変わるわけではない。だが、話すことで未来が変わる。なぜなら、現在が揺るがされるからだ。

だが、利雄は、自分の沈黙を正当化する方法を見つけだした。利雄は八坂とともに自分も関わった殺人に関して沈黙のなかに閉じこもるうちに、妻の章江も、八坂と関係をもったことを自分に隠しているのではないかと想像するようになる。そして、妻が自らのやった過去について問いただすのではと訝るのと同じように、妻のほうも、自分が男女の関係をたずねるのではと思っているのではないかと考える。利雄は妻に問いただしはしないが、まるで妻が不義をしたかのように話をする。それにより、章江は、夫婦がそれぞれ、償うべき重篤な罪悪を感じていると察する。章江は、夫の疑念に対して反論しない。おそらく彼女自身、実際に八坂への性的な欲望を自覚していたからだろう。たとえ、最後の瞬間に、彼女が八坂の求めを拒んでいたとしても。利雄にとって、章江が八坂に対して抱いていた、心惹かれつつ不安の入り混じった複雑な感情と遭遇することから始めるよりも、妻の浮気という自分にとって不愉快なことを考える方が、容易なことである。なぜなら、それらもまた固有の感情であるからだ。それに、章江にとっても八坂に対する自らの両価的な感情について考えるより、夫の問いに何も答えず、自分の不義を夫に疑われたままでいるほうが楽であったのだ。

合意された牢獄

利雄は、沈黙のなかに閉じこもることで自分の罪悪感を管理していた。章江の方は、手をずっと洗い続けたり、娘の蛍に触れそうなすべてを消毒しないと気が済まない儀式的行為に嵌まり込む。章江はとうとう夫に、八坂を刑務所に送ることになった殺人に加担していたのかどうかをたずねる。利雄は何のためらいもみせずに、八坂が首を絞めているときに、被害者の脚を押さえていたと答えた。

結局、単純に返答をもらうだけなら、単純な質問をすれば十分であったのだ。だが、章江の問いかけ方は、実際には、それほど単純ではなかった。質問する際、章江は何ら苛立ちをみせることも、怒りを表わすことも、咎めたてもしない。彼女は、返答それ自体はさして大事ではないかのように、夫に問いかけていた。もたらされた返答をただ受け入れることだけが大事であるかのように。章江は、あらかじめ返答を劇的で深刻なこととして扱わないように夫に問いかけることができていた。このことが、深田晃司監督の映画から得られる主要な教訓であろう。罪責感や恥を伴った秘密を抱える多くの者たちのように、利雄は何も語っていなかった。なぜなら、彼は対話者の存在によって、自らの罪責感や恥の感情へと差し向けられ、それらを改めて感じることをおそれていたのである。

夫に問いただすために、章江自身もまた、八坂への性愛と、自分の娘をおそったハンディキャップに対する責任感と向き合わなければならなかったであろう。実際、蛍が障害を背負う出来事は、章江が八坂の求めを拒んだあとに続いて起きている。まるで二つの事象がつながっているかのように。彼女は、八坂を性的に欲望したこと、あるいは拒絶したことを後悔しなければいけないのだろうか？　自らの罪責感や恥の感情と向き合ったものだけが、相手の気持ちを損ねることなく、他人の罪責感や恥に関わる問いかけができる。沈黙が対立するのは真実ではなくコミュニケーションである。果たして、映画の結末が示すように、たとえ秘密が明るみになったとしても、沈黙の習慣は持続する。誰もが、さらにどうしようもない沈黙という牢獄にいる。だが、もはやそこに閉じこもり続けることは何ら正当化されない。

家族という基本単位は、社会組織の最初の形態であり、人間はそのなかで育まれる。家族とは、そういった理由で、社会機構の土台となる礎石である。それと同時に、相互に特有のさまざまな関係様式が組み込まれた社会の鏡であり坩堝《るつぼ》でもある。だが、家族はまた牢獄にもなる。語らないことで守られるものは何もない。それどころか、語りを共有することでもっと理解を深められる手段が失われ、私たち人間の内的生活を極めて貧しいものにするのである。

参照

＊1　セルジュ・ティスロン『レジリエンス』（Serge Tisseron, *La Résilience*, PUF, 2007）。

＊2　セルジュ・ティスロン『私たちの家族の秘密』（Serge Tisseron, *Nos secrets de famille*, PUF, 2010）。

まえがき

語ることができなければ、鎮めることもできない。もしも鎮められなければ、世代から世代へと、深い傷あとを残し続けるだろう……。
（精神科医クロディーヌ・ベッグによって引用されたブルノ・ベッテルハイムの言葉）

秘密を保持できなければ、自尊心も、自由も、そしておそらくは愛すらもないであろう。誰もがみな、精神的にも肉体的にも、親密さにふれる権利を保持している。ただ、親密さが恥の感情に覆われている限り、識別は不明瞭なままである。だが同時に、秘密がもっぱら守られないと、露《あら》わになる恐怖から、すべての意味が変化することを知らずにいることは不可能である。それは、秘密のせいで、話そうとする欲望とその不安との間で悩む者たちだけの問題ではない。当事者たちの周りにいる、そういった影響を被る近しい者たち、特に子どもたちにとっても当てはまることだ。これが出発点となる原則であり、また絶えず立ち戻る点でもある。片方の親が、悩まされてきた苦痛な出来事――自分自身で体験したこともあれば、自分の祖先が体験してきたと想像することもあるかもしれない――を、隠そうとしても、彼（女）たちの子どもは、常にそれを知ろうと急き立てる。こうした点は別の言い方もできるだろう。子どもというのは、何も隠されていなければ、自分に隠されていることなど決して知ろうとはしないものである。

さて今日、家族の秘密について語ろうとすることは有益だろうか？ 二〇〇〇年代に入ると、世の中の流行は実際のところ、家族の秘密を隠すよりも、むしろ語ることにある。スター俳優も無名の者たちも同じように、自らの人生を公開しようとする。多くの者たちは、それらをベストセラー作品にしようさえ夢みるのだ。長らく家族の秘密を覆ってきた沈黙は、時には、その正反対のものに席を譲ることもあるようだ。その「ひけらかし」は、露出趣味ともなりかねない。

一九八〇年代以降、家族の秘密とその影響について深刻に捉えるようになっていった筆者にとって[1]、こうした時代の変化は、肯定的な側面と同時に曖昧さを伴うものであった。子どもからのいくつもの問いには、いまだに当を得ない返答がなされることが多い。ある秘密が喚起される際に、美徳よりも悪徳がもたらされることを、どうすれば避けられるのか？ 沈黙が及ぼす影響から子どもたちを守り、個々の苦悩やその前の世代の苦悩に打ちひしがれずにいられるには、どうすればよいだろう？ こうした問題は、私たちすべてに関わることである。つまり、閨房の秘め事、出自の秘密、家系や養育の秘密、死や自殺、病気、さらには違法行為の秘密――例の「内輪のひそひそ話」――などもそうである。だが、いずれの場合でも、秘密についてどのように語ればよいのだろうか？ それを知るには、まずは、こうした秘密がどのように機能するのかを理解する必要がある。さらに、言葉とともに語られないことが、常に、しぐさや態度、身振りなどを通じて、別様に機能することを知ることになる。人間は実際、自ら経験したことに表象を与えるために己の身体を利用する。そのような理由で、身体とは、言い表わせないこと（l'indicible）が表現される特権的な空間なのである。それに加えて、秘密の保持者は、時に、周りの者たちに対し、「ひょっとしてそうではないか」、と疑われそうな言葉を口にしないよう強いることがある。かつて縊死した者のいる家庭において、縄やロープの話題にはふれなかったり、息子が殺人を犯した家庭では、殺害事件の話題は禁忌《タブー》である。こうした禁じられた言葉が発せられると、決まって劇的な騒動が引き起こされる。普段なら明るくて快活な親が、はっきりした理由もないまま陰気になり、泣いたりイライラし始める。さらには、唐突に部屋を立ち去ってしまい、この騒ぎの引き金となった者を茫然とさせるのである。当人は、再びそれを口にすることを差し控えるだけではない。禁忌《タブー》の領域にふれるのだという印象を持っている限り、そこで起きていることを理解しようとすることすら躊躇するであろう。もしも幼い子どもであれば、罪悪感、さらには恥の感覚に苛まれることになる。その子どもは、自分が見たことへの問いかけを我慢して、見ていないふりをしようとする。さらには、想像することさえも控えるようになる。それは、常におぞましいことであるからだ。このようにして、沈黙

（1）まず最初に、拙論「『タンタンの冒険』における父の問題」（雑誌『*Confrontations*』第八号、一九八三年）において、続けて数多くの拙論や著書で取り上げている。

が生じていく。つまり、そのことについて考えていながらも何も語らない者や、すでに完全に忘れてしまった者たちの存在である。

傷を受けた過去について、沈黙を守ろうとする欲望と、話すことで苦痛を軽減したい欲望との間で引き裂かれた第一世代の亀裂に、第二世代が加わる。自分の親のことを理解したい（そして、いずれは自分が親を手助けしたい）欲望と、親の隠された苦痛を呼び覚ますことへの不安との間で、心が引き裂かれた子どもたちが第二世代である。

その結果として、不可解な症状が生じることがある。子どもたちが陥っている非安全感に直接的に関与する症状もあれば、隠蔽されることに順応しようと、子どもたちが想像する内容と関連する症状もある。もっとも、こうした症状が、必ずしも人生の挫折の発端となるわけではない。問いを投げかけることなしに、忖度《そんたく》できる能力が美徳とみなされる職業はたくさんある。それに、秘密を抱えた親をもつ子どもたちは、そうした領域において優れた才能を発揮する。不幸なことに、秘密の代償が第二世代によって支払われないと、しばしばよりいっそう、問題を孕《はら》んだ形で、その次の第三世代に代償が生じることになる。第三世代の人たちは、もはや誰も、当初の秘密と結びつけることができないのである。

最後には、私たちは、秘密が私的な領域だけに属する問題ではないことを理解することになろう。私たちの家族を統制している規範のいくつかは、私たちの社会をも構成している。そして、各々の秘密は、その人が抱える親密性に通じると同時に、その人が属する社会へとつながっている。秘密《シークレット》とは、もちろん、秘密を扱う数多くの制度（組織や施設 institution）のなかにその居場所をみつけ、状況に応じて個人情報を保護したり、不当な使い方をする者たちから擁護する。秘密の可能性は、最も重要であると同時に、危険なものでもある。それを非難してもあまり意味がなく、さらには禁止しようとしても詮無きことであろう。むしろ問題は、秘密によって誰が恩恵を受けているのか、秘密が果たしている機能は何かを知ることである。

読者諸氏はおそらく、私が十五年以上も前に、同じ「家族の秘密」というテーマで執筆した前著と、本書との相違について疑問を持たれることだろう[2]。本書「文庫クセジュ版」の内容は、当然ながら、前著での私の考察に準拠している。その意味で、本書は前著の延長上にあるといってよい。けれども、この十五年以上の歳月を通じて、私は家族の秘密という問題について、特に全体の集団性《コレクティビテ》も考慮に入れた新たな諸側面から取り組み、より理解を深めるための新たなツールを手に入れることができた。本書で展開される内容は、そのような私の長年の研究の総括である。話されなければ、トラウマは世代から世代へと持続する。それが、個人や家族、集団といかなる原因であっても。こうしたトラウマは、いずれの場合も、名付けられて犠牲者たちが認識され、かつ名誉ある犠牲といった顕彰がなされない条件下でのみ、乗り越えることができよう。

（2）セルジュ・ティスロン『家族の秘密――その使用法』【53】。

第一章　秘密とは何か？

あるとき、一人の女性が、面接の予約を入れ、自分の心を苛んできた疑問について語った。その女性は、すでに何人も子どものいる母親だったが、一番下の子どもは夫ではなく愛人との間に生まれた子どもだった。この十五年ほどの間、そのことは別段、彼女自身にとって問題になることでもなかった。だが、夫婦関係に変化が生じるにつれ、突如としてこの状況が苦しい秘密となったのである。今まで彼女は両価的な感情など少しも認識してこなかったのだが、この疑問をめぐって急に〔言おうか言うまいかという感情によって〕「二つに引き裂かれた」のであった。というのも、夫は彼女のもとを去って、別の女性のところにいってしまっていた。彼女はといえば、男やもめになっていた元恋人と、よりを戻していたのだった。ふたりとも結婚して夫婦になる決意を固めていたのであるが、彼女のほうは、それを子どもたちにどう伝えたらよいか考えていた。単純に、子どもたちに、夫婦になったと言えばよいのだろうか、〔相手が〕一番下の息子の実の父親であっても？　現実における変化によって、それまで何でもなかったことが、苦しい秘密へと変容したのである。

「客観的な」秘密などは存在しないと述べることで、この逸話の教訓を一般化することができる。すべては、秘密にまつわる状況や事情の問題である。それでは、どのように秘密を定義するのだろうか？

I　秘密の三つの条件

大部分の秘密は、決まって、生と死に関連してきた。出自（家系）や養子の秘密、隠し子の存在が遺言書を開いたときに明らかとなったり、倫理的あるいは経済的、薬物などの問題から、自殺が事故として扱われていたり。こうした簡単な説明だけでも、すべては三つの条件が結びついた瞬間から秘密となり得ることを思い出させてくれる。

まず、秘密を語れるようになるには、「何かが言われていない」というだけでは不十分である。というのも私たちは、いつでも誰にも構わず語ったりはしないからだ。ある秘密というのは、何かが隠されていて、それがいったい何のことであるのかわからず、さらには何かが隠されていると考えることすら禁じられるときに成立する。したがって、この定義では、両親が抱えていて子どもたちに対して隠すような親密性が、家族の秘密という領域から取り除かれる――少なくとも、それが期待されている。実際、もしも子どもが親の性生活の中身を知らずにいるとしても、子どもたちは、自分たちにも性生活があることを知ることを禁じられていない。むしろ、その逆である。子どもにとって両親たちに親密な時間があることを知ることは、自分たちの親密性の構築を促しさえもする。同様の理由で、家族の秘密は、禁忌《タブー》や秘儀などとは何ら共通点がない。家族の秘密の存在を知ることは、決して禁じられておらず、むしろその逆である。禁忌《タブー》や儀式は、神話や儀式によって畏れられている空間である。加えて、それらに関して両価的なところはまったくない。それらが世界の秩序に刻まれることの必要性について、異議を唱える者など誰もいないだろう。

しまいには、「言われないこと」、「知ることの禁止」という秘密の二つの条件に、たいていは第三の条件が付け加わる。家族の秘密は、苦痛な出来事と関連している。実際、子どもは、何か自分に話されていないことを感じ取っても、それがかえって幸せに感じることであれば、不安になる理由などまったくない。ただ逆説的であるのは、たとえば、宝くじに当たって大金を手にしたといった客観的には幸福にみえることでも、苦痛として体験されるような出来事が起こり得るということである。

数千万ユーロもの高額で「賭け事で大儲けした」人のなかには、儲けたことを周囲の人や家族、さらには自分の子どもたちにすら隠す者もいる。こうした偶然の受益者たちは、生活スタイルをできるだけ変えたくはないものだ。そうでないと、周囲の者たちの、それほど近しくない者も含めて、支援の要求に直面することになる。あるいは、その金利で暮らしていけると確信して、子どもたちが学業を放棄してしまう危険がある。なかには、まるで何事もなかったかのように、従来どおり仕事に勤しみ、せいぜい車を買い替えるぐらいにとどめる者もいるだろう。そうして、その人の死後になって、遺言書を開いてみてはじめて、莫大な遺産が残されていたことがわかることもある。だが、それまでの間に、その人の子どもたちは、しばしば、日常生活における自分の生みの親の態度の変化に気づいて注意を向けていたりする。「それほど」浪費しなくとも、親たちが突然、これまでとは別様にお金を遣いはじめたり、富について違った意味あいで語ったり、老後について、これまでとは違った計画を仄めかすようになる。子どもたちを不思議がらせる徴候と同じくらい、時には、困惑させることもある。子どもたちのなかには、理由もなく急に、隠し事をするようになったり、浪費家になったり、逆にケチになったりする者もいるだろう。

したがって、家族の秘密において重要となるのは、発端となる出来事というより、それがどのように体験されたかである。私たちを幸福にするのが「良い秘密」だとすれば、「悪い秘密」とは、客観的にみれば大したことではなくとも、私たちを不幸にしたり、当惑させるような秘密のことを指す。「良い」秘密は、私たちの「心を引き裂く」ことはない。こうした秘密だと、他人と共有する、しないでは決して悩まされたりしない。私たちは、そうした秘密と平和裡に暮らして、自分たちの幸福のために育むのだ。その反対に、秘密によって心が引き裂かれると、常に不幸を招く可能性がある。「たぶん、僕はこのことを話さなくちゃいけない。だけど、おそらくそうしてはいけないのだろう」とか、「私はそれについて話したいのだけれど、周りの近しい人たちに迷惑をかけたり、誰かの記憶を侵害するのがこわい」といったふうに。私たちが、このように秘密によって引き裂かれると、言葉のイントネーションや身振り、態度を通じて、自らの逡巡（ためらい）を露呈することは避けられなくなる。極端な話、子どもたちに、私たちが忌まわしく恥ずべき行為をひた隠しにしているのではないかと想像させてしまうことにもなる。

結果として、秘密とは、必ずしも他人に知られないように、隠しておくものではなくなる。問題となるのは、秘密について話すことを拒みながら、忘れようと試みる人生の一断面なのである。すべての場合において、子どもは結果的に、自分に関係している何か大事なつらいことから自分が隔絶されている印象を抱えたまま成長する。そして、秘密に関するこの定義は、数多くの物言わぬ状況を包含する。というのも、子どもは、自分が世界の中心にいると信じており、何かしら自分に関係のあることが隠されていると考えがちの厄介な傾向を備えているからだ。

II　心的伝達の問題

子どもはみな、自分を世界とつなげてくれる家族のなかに生を受ける。だが実のところ、親はしばしば、前の世代の懸念や心配事の保持者でもある。こうした親の態度は、意識的なこともあるが、まったく無自覚なときもある。親の態度は、多少なりともまとまった心的経験に関わる。イブリン・グランジョン（Evelyn Granjon）は、この特殊性について考慮すべく、「世代間 inter-」と「世代縦断的 trans-」という二つの伝達形式を区別することを提案した[1]。前者は、親の練り上げられた心的体験と関連するが、後者は、「生のまま《ブリュット》（brut）」と呼ばれる要素からなる伝達のことを指す。すなわち、前世代で十分に練り上げられていないトラウマ（本章Ⅲ後半部を参照）のことである。だが、別な著者によっては次のようにも定義される。「世代間伝達」とは、現実の身体的接触における二つの世代――親と子どもの関係性を始めとする――の観察可能な交流を指す。それに対して「世代縦断的伝達」は、各々にとって世代というものが及ぼす影響力を指す。それは身体的接触はないが、その人に近しい者たちを刻印してきたやり方をもって、常に現存する[2]。前者は観察可能で、ここ数年来、多くの知見によって示されてきたのに対し、後者はいまだひとつの仮説段階である。

実際のところ、家族の秘密の動力学に取り組むとなると、問題となるのは「伝達」という言葉が適切かどうかということになろう。一般的には、まず家族という領域におけるすべての伝達は、整理、つ

（1）イブリン・グランジョン「精神分析的家族療法における心的伝達と転移について」『*Gruppo*』誌、第五号、一九八九年、p. 47-58【29】。
（2）ニコラ・アブラハム、マリア・トローク『表皮と核』【1】。

まり変換という一面をも意味することを受け入れなければならない。子どもというのは、まず第一に、「棚卸し」をする権利があるからである。子どもは、親が何よりも大事にしている価値観などを、遠慮なく拒絶する。そうして時折、私たちは、自分の内だけにとどめておきたかったことを、知らないうちに伝達してしまっていることに気づくのである。たとえば、他人の恐怖や、いわれなき怒りに向かうよくない傾向、さらには飲酒への過度の嗜好、などである。

しかし、伝達というプロセスにおいて、秘密は、別な地位を担う。そのままの複製は例外的で、原則として変換される。そのことを、以下の物語のなかで示してみよう。

ある女性が、私のもとを訪れてきた。というのも、彼女はいつも、妊娠することと、そのせいで死んでしまうのではないかということを恐れていたからである。あるとき、その女性は、何の感情もこめずに、ある物語を語った。それは、「傘を飲み込んでしまった子犬」という題名で、彼女の父親がしばしば、幼い彼女を夜寝かしつけるために話して聞かせた話であった。それは次のような物語である。「子犬は、ある日、傘をみつけました。それで遊んでいるうちに、傘を飲み込んでしまいました。運の悪いことに、その少し後から、雨が降りだしました。雨のしずくが犬に落ちてきました。傘が子犬の体内で水を吸って、ゆっくり、ゆっくりと開いていって、子犬はそのせいで死んでしまったのです」。たいてい、父親はこのときに「可哀想な子犬」と付け加えて、涙ぐむのであった。つられて、幼い娘のほうも涙していた。それから、父親は娘を寝つかせて、素敵な夢をみさせようとした。あるいは、ひどい悪夢かは、わからないが……。この女性は、思春期に入ったとき、それまで自分には内緒にされていた家族内の出来事について知った。父方の祖母は、父親の出産時に産褥死していたのだった。このように、家族に秘密が存在するときによくみられることだが、子犬の物語は、父親にとって自分の出生をめぐる惨劇と、母親の死に伴う罪責感とを秘密裡に追悼するためのつくり話であった。父親は、この世に生まれ出た時、酷《こく》な言い方をすれば、胎内で育っていくうちに、母親を殺《あや》めてしまったのだろうか？　父親が娘に話して聞かせた寓話のなかの、子犬が飲み込んでしまった傘のように？　この物語は、ある世代で十分に解消されないトラウマが、いかにして次の世代にまで留め置かれるかを明らかにしている。それだけでなく、こうした状況を表わすうえで、時折、使用されることのある「伝達」という言葉が、実際にはどれほど不向きで、多大な混乱をきたしているかも示唆している。例に挙げた物語では、実際に何が伝達されるのだろうか？　実のところ、何も伝達されていない。父親は罪責を感じていたが、当の娘は、父親の罪責感を受け継いではいないからだ。反対に、彼女は妊娠恐怖症を発症させ、父親が何の問題もなく子どもを育ててきたにもかかわらず、娘のほうは、子どもを産まない決意をしたのだった。

だが、もしも私たちが次の代に伝達するのをやめて、その代だけでその時代の体験・経験を表出するようになれば、すべてのことは明白となる。この父親にとって、娘に子犬の話しをしたのは、まずもって自分の母親の死を思い返し、自らの悲嘆や罪悪感を表出させる手段であった。それはまた、おそらくは、自分が母親の死の責任を負っていないことを、自ら納得させようとする方法でもあるだろう。赤ん坊は、すくすくと大きく育っていくべく産まれた。それはまるで、雨が降れば傘を開くように。

この例はまた、象徴化を理解するためには、それを言語行為のみに還元させてはならないことを示してもいる。身振りや態度、しぐさを経ての象徴化行為もある。また同様に、そこには語られたり、作られたり、想像されたイメージを経る行為も存在する。涙を流したり、ひっぱたいたり、撫《な》でたりすることは、笑ったりするのと同じように象徴化行為である。

自分の娘に毎晩、「傘を飲み込み、そのせいで死んだ子犬」の物語を話して聞かせていた父親は、自分が体験していたことの、想像的で情緒的な象徴化をすすめようとしていた。しかし、その体験は同時に、イメージと情緒を伝える巨大な誘導子《インダクター》でもあった。それが問題であったのだ。なぜなら、この幼い娘は、この物語について、何ら説明も受けていなかったからだ。少女は、父が涙するのを、理解できないこととして受け止めた。そして、理解しようとするうちに、彼女はとうとう、子どもをもつことは、死を意味することだと受け取った。父親はひとつの症状を抱えていたが、その娘は、そこにまた別の、もうひとつの症状を抱えたのであった。秘密は、世代間を通じて、水切り石のように「反跳する」〔ricochet/ricochet の訳には「波及（する）」もあるが、石切りの跳びはねるイメージも入れ、ここでは「反跳」とした〕。水面に水平方向に投げられた平らな小石が、跳ねるたびに、違った弧を描き、数段、跳ねた後で、完全に水面に消え去ってしまうかのようである。一般には二つ三つの跳ね返りがみられるが、私たちは、秘密の「反跳」に、しばしば数多くの世代がまたがって関与しているかを知ることになる。

Ⅲ　秘密をめぐる、よくある三つの誤謬

私たちは、今では、家族の秘密をめぐる、よくある三つの誤謬について、より深く理解できる。

第一に、子どもに対して何か隠し事をしていると、子どもはそれを推し量れるようになる、という考えからくる誤謬である。確かに、子どもはいつも、秘密の存在について迫りはするものの、その中身についても類推できるというのは間違っている。子どもは時に、秘密をめぐってあれこれ検討したり、距離をおいたりもする。けれども、自分が想像したことが正しいのかどうかは、決して正確には知りえない。しばしば、自らが語るいくつかの物語により、かえって正しく知ることを妨げてしまうことがある。

第二の誤謬は、真実を告げることが、秘密に関連したすべての問題を取り除くのに適切な対応であるという考えである。思い返してみよう。前に挙げた、妊娠するという考えに恐れおののく若い女性の例では、父親に生じた出来事について、彼女が知ったのは十四歳のときであった。だが、それによって彼女の症状がなくなることはなかった。私たちが気づいたり、感じ取るだけでも、そうした秘密によって「麻痺」しないようにすることが、どれほど大切かわかるだろう。それはまた、家族の各構成員だけでなく、治療者にとってもそうである。治療者というのは、症状を魔法や呪文で消し去るかのように、病

原となっている秘密を取り除こうとするだけでは不十分であることを常に自戒する必要がある。現実には、はるかに複雑なことなのだ。秘密を取り除こうとしてはならない、と言っているのではない。だが、家族を構成する一人ひとりが、秘密が取り除かれることで必ずもたらされる心的動揺に直面しうることを、つねに留意しておかなければならない。

最後に、第三の誤謬であるが、家族の秘密を、私たちの祖先が罪責を感じているはずの咎めるべき行為に起因すると考えることだ。現実は、まったく異なる。大部分は、きちんと練り上げられていない（未消化の）トラウマと関連しているのである。

だが、この「練り上げ élaboration」という、少々、謎めいた言葉は何を意味しているのだろう？これを進化生物学から着想を得て、「同化 assimilation」または「調節 accommodation」と名付けたのは、ジャン・ピアジェ（Jean Piaget）であった[3]。あらゆる有機体は、周りの環境からリソース（資源）を引き出して、それらを、自らの構築物や固有のリソースの機能に役立たせるべく同化しなければならない。そして、哺乳類において、このプロセスは、物質的リソースのみならず、知覚（認識）器官によって提供される多様な情報とも関係する。この同化プロセスは、必然的に、一時的な不均衡を伴う。新しいものが不安定にさせるのである。続いて、同化プロセスは、調節を伴う。器官が変形するが、それはまた、心的な特徴も変わることになる。問題は、私たちが新たな経験をする影響によって、自らの信念や獲得した知識などが揺さぶられることを、必ずしも受け入れられないことだ。私たちのそれまでの経験は、特別なビジョンが生じることで、結果的に主要な障害物となる。そしてそれが、長らく秘密にされてきた出来事について話すことを、ひどく困難にする。こうした情報を、周りの世界や周囲の人たち、時には、自分自身の表象のなかに統合させていく心的作業は、誰もが危惧することである。

Ⅳ 取り入れ（取り込み）（introjection）と心的封入（包摂化）（inclusion psychique）

人間において、ある経験についての個人的適合は、それに心的表象を与えることを通して行なわれる。それは、私たちが信念や生き方を変えざるをえなくなる固有の経験のこともあれば、思春期や、閉経（更年）期、老年期と関連した一連の新しい体験のこともあるだろう。このプロセスは、「取り入れ[4]（取り込み）」と呼ばれてきた。英米圏の専門家たちは、メンタライゼーション[5]とも表現している。意味

（3）ジャン・ピアジェ『子供の知性の誕生』p. 12〔邦題『知能の誕生』【42】〕。
（4）ニコラ・アブラハム、マリア・トローク「取り込みの「罪」」、前掲書【1】、p. 123-131。
（5）ピーター・フォナギー、アントニー・ベイトマン『メンタライゼーションと境界パーソナリティー障害』狩野力八郎、白波瀬丈一郎訳、二〇〇八年、岩崎学術出版社（P. Fonagy, A. Bateman, *Psychothérapie pour trouble de personnalité limite. Un traitement à base de mentalisation*, New York, Oxford University Press, 2004）。

することは、ほとんど同じである。私たちの心の作用は、いわば消化管のように機能する。私たちが経口摂取する食物を、同化(消化吸収)するためには、咀嚼された破片を、私たち個々の合成に役立つように分解しなければならない。食物が私たちの成育の糧となるのは、こうした条件下である。同じように、私たちの世界についての新しい体験も、自らの心《こころ》を通じて、利用可能な表象へと変容される必要がある。そのような表象は、私たちの心を豊かにし、将来的な糧を支える。

この作業は、必ずしも意識的でも意図的なものでもない。それが、消化や吸収作用などに共通するもうひとつの点である。ただ反対に、この作業はつねに、社会での経験が適切に帰属していることと、その妥当性を認めることのできる、特別な対話者の介入を必要とする。誰か他人に話すことは、心的な練り上げに不可欠なひとつの段階なのである。

残念ながら、なかには、象徴化が困難な経験もある。なぜなら、それらが、あまりに唐突な予期せぬ経験であったり、私たちがそれについて語ろうとしても、誰も受け入れなかったりするからである。したがって、何らかのこうした状況に置かれている者は、感情や感覚、身体の状態、ファンタスムのなかに埋もれていくことになる。彼(女)たちは、それらに何らかの表象を自ら与えられることを期待しつつも、一種の心的な「棚」にしまい込むか、あるいは、「液胞」のなかに閉じ込めるよりほかに為す術がないのだ(6)。

危険なのは、このような「液胞」を抱える者が、付随的に外傷的な過去を、時間・空間的な隔たりもなく、まるで現在の自分に課されたかのように、よみがえらせてしまうことである。もしもその出来事が起きた時、悲しいものであれば、それについて思い起こすたびに、私たちは同じように悲しむことになる。それがもしも、私たちを怒らせることであるならば、時に、元の原因が何であるかわからないままに、怒りの発作に陥ることになる。それは感情の問題だけではない。さまざまな感覚や身体の調子、それにきっかけとなる外傷的状況で発せられたり聞こえてきたりする言葉が、時に、過去や現在がまったくごちゃまぜのまま、自らに課されることもある。単純な反復（繰り返し）が問題なのではない。というのも、トラウマがそのようによみがえることで、当の犠牲者は、トラウマを手なずけ、個人的表象を自らに与えることに、改めて取り組むことになるからだ。問題は、その犠牲者に子どもがいた場合に、子どもは異様なことへの処し方を心得ていないことである。ことに子どもは、奇妙な物語を自分で作り上げてしまう危険性がある。前述した事例の、あの少女のように。

（6）このプロセスは、ニコラ・アブラハムによって「心的封入（包摂化）」と表わされた。後に、彼の伴侶であったマリア・トロークが著した諸テキストのなかでは「体内化」と呼ばれている。ニコラ・アブラハムは実際、「心的包摂化」について、ファンタスムの作用を表わすために使用している。自我の分裂が揺さぶられたとき、それによって、外傷的状況の断片が表出される。〔原語 inclusion は邦訳『表皮と核』では封入と訳されている。同時に包摂化という訳語もあり、本書では後者も併用している。〕

V　秘密・漏出・反跳

ある重大かつ重篤な出来事に関与したり、立ち会った人が、沈黙を守るいくつかの理由について、立ち戻ってみよう。これについては、二つの可能性が考えられる。すなわち、その人が、それについて話したくない場合と、話せない場合である。

前者の可能性は、たとえば、職を失った男性が挙げられる。彼らは、その状況について同僚たちとは話していても、妻や子どもたちには言わずに隠しておこうと決意する。私は、秘密を知らされずにいた子どもが、急に不登校になったり、学業を投げ出してしまった事例をたくさんみてきた。すべてのケースで、子どもは、自分の父親が働いていないことを感じ取って（見抜いて）いた。子どもにとっては、自分がそうすること（不登校や学業放棄）が父親との対話を再び始めるべく、手を差し伸べられる唯一の手段であったのだ。子どもは親に対して、こんなふうに語っているかのようである。「お父さん、働いていなくたって恥ずかしいと思わなくてもいいよ。恥ずかしがらずに、僕に話してよ。お父さんが仕事していないこと、僕には話してくれるよね。だって僕たちは同じ境遇にあるのだから」。

起り得る二つ目の可能性は、親が、自ら体験したことを誰にも話せないといった場合であるが、これはしばしばより深刻化する。それは、そうなった状況の原因となる出来事が、先に述べた例よりも、より劇的であるからではなく、むしろ、その出来事に伴う情動的な負荷がよりいっそう、強力であるからだ。例として、強制収容所の生還者たちに生じたことが挙げられよう。生還者のなかには、自分の子どもたちから収容所について尋ねられたとき、実際、本当に耐え忍んで受けてきた自身の恐怖体験を否認する者がいた。こうした強制収容者の体験者たちは、起きたことを否定するような、いわゆる歴史修正主義の支持者ではなかった。彼（女）たちは、おぞましい体験に伴った自らの情緒や感覚、体調などに関する意識を排除することでしか、そのような恐るべき状況下で生き延びることができなかったのである。彼（女）たちは、生き延びるために忘れようと決めたのだ。ホルヘ・センプルン（**Jorge Semprun**）〔一九二三―二〇一一、スペイン人作家、政治活動家。戦後、主にフランスで作家、映画脚本家として活躍〕は、こうした状況について説明している。(7) 彼は、自分が送られた強制収容所で一九四五年に解放されたとき、囚われていた者たちは、帰還後に集まって、自分たちの体験したことについて言及するか否かで相談したことを述べている。その際、囚われていた者たちは、二つのグループに分かれた。ひとつは、その体験を語るよりほかに、生き延びる術はないと主張する者。自らもホロコーストの強制収容所に送られた

（7） ホルヘ・センプルン『エクリチュールあるいは生』【46】。

プリーモ・レーヴィ〔一九一九―八七、イタリア人化学者。戦後、収容所体験をまとめた現代文学作家。代表作に『これが人間か――アウシュヴィッツは終わらない』朝日選書、二〇一七年など〕がとった選択がそれである。そして、もうひとつ、それを忘却することでしか再適応できないと述べる者もいた。センプルンは、まさに次のように主張した、ある収容所体験者の意見を引用している。「私はここでの自分の体験のすべてを金庫の中に入れてしまうつもりだよ。それに鍵をかけて、埋め、鍵を投げ捨てて、どこに捨てたかも忘れ去るつもりさ」と。こうしたトラウマを忘却しようとする試みは、心理学用語で「分裂《クリヴァージュ》 clivage」と呼ばれる心理機制に相当する。それは、家族の秘密の主たる根源である。そこでの秘密は、私たちが日々の出来事に関して作り上げるすべての些細な秘密の状況とは比べものにならないことがわかる。家族的な秘密の状況の独創性を理解するために、私たちが次の三つの相補的な指標を提案するのは、そういうわけである。[8]

1 〈秘密〉と諸秘密

ここで、（アルファベット小文字の）「s」で表記される通常の人間関係上の秘密 secret と対置すべく、（大文字の）「S」で表わされる〈秘密〉Secret を、心的事象として表わすことを提案したい。〈秘密〉とは、沈黙の言葉や、表現不能のイメージや情動、それに成就することが不可能な痛悔の祈り acte de contrition から成る。意図的に漏らされず守られた秘密の存在は、必ずしも分裂によって印づけられた心的組織化を伴わない。〈秘密〉を特徴づけるのは、それに関連するすべての経験が、その他の心的機能とは分裂――「切断」という言い方でもよいが――している事実である。殊に〈秘密〉は、すべての生活を変えることなく継続していく。それは、日常のありふれた思い出が、時間が経つにつれて少しずつ情動的負荷を軽減したり、世の中の新しい経験との接触のなかで変容していくのとは正反対である。

2 〈秘密〉の漏出

〈秘密〉は「漏れ出す」。すなわち、うまくとじられなかった心の傷は、身体の傷と同じく、目に見えて現われる。

実際に、それは次のようなことを意味する。つまり、心的な〈秘密〉の内容が、その保持者の意識にのぼってくると、当の者はそれに動揺して、特有の情緒や身体の調子を感じ取る。そしてそれは、身振りや、しぐさ、語調などによって表わされる。しかし他方で、その人は、その出来事について語ることができない。それを述べるための言葉を欠いているのだ。したがって、その人の態度やしぐさは、語り《パロール》

（8）　セルジュ・ティスロン、前掲書【53】。

と相反するばかりか、語り《パロール》自体が矛盾する。そして時には、その状況に関して完全に場違いなものとなる。たとえば、微笑みながら子どもを眺めていた母親が、急に顔を曇らせてしまう。あるいはまた、子どもを膝に抱えていた父親が、テレビを観ているうちに、突然、身体をこわばらせて、膝の上の子どもを引き離してしまう。こうした突然の変化には、必ず何らかの理由がある。たとえば、この母親は、自分の子どもの視線を知覚するうちに、自分を虐待した兄弟の眼差しを感じ取った。父親の場合は、息子と一緒に静かにテレビを観ていたのが、ある言葉やイメージによって突然、動揺してしまったのである。それらが父親の過去の出来事の不快な思い出を想起させたからである。私は、こうしたことを「〈秘密〉の漏出」と名付けたい。子どもはそれを感じ取っても、その扱い方を知らない。そのために、子どもは、ひどい心理的苦悩に陥るのである。

3 反跳

ある世代によって、うまく練り上げられなかったトラウマは、したがって、不可解な行動の源となる。そこに子どもが居合わせ、そして説明のないまま、その犠牲者となる。子どもたちは、自分たちが感じ取ることを、どう位置づけたらよいのか見当がつかない。見聞きすることは、自分の親を通じて知ることとつなげてしか認識できない。彼(女)たちは、それゆえ、自分のままでいられるパーソナリティ特性や行動モデルを発展させるようになる。それらの根底にある心的な構築が、そのあと時に忘れ去られることがあっても。彼（女）らは特に、切り離された心で機能することを習得するようになる。つまり、一方では、親が隠しておきたいことに自ら直面してしまわないよう、秘密の存在に気づく必要がある。その一方で、彼（女）たちは、まったく何も見たり聞いたりしていなかったかのように振る舞うことを強いられる。〈秘密〉を抱える者における、分裂の最初の主要な弊害は、近しい者たち、特に自分の子どもたちの世代に、二つに切断されるよう促すことである。その者たちの自身および他人に対する認知は、まったく際立っている。そのために、彼（女）たちが想像することは、時に、現実よりもいっそう、ひどい内容となることがある。今日において例を挙げると、占領下のドイツ軍兵士とフランス人女性との恋の果てに生まれた子どもの大部分が、終戦後、自分たちの出生を取り巻く沈黙に直面して、自分たちは強姦されて生まれた望まれぬ子どもであると信じ込んでいた。一般に、それは「良かれと思って」隠されていたことだった。だが、真実を伝えられないことが、その子どもたちの精神発達に、よりいっそう深刻な影響を及ぼすこととなった。

幸いにも、子どもは親（または肉親）との特権的な関係があるだけではない。彼（女）のおじやおば、いとこのみならず、教師や仲間たちともつながりがある。親の沈黙の影響は、それゆえ、理屈から想像するほど強烈ではない。しかし、その痕跡は、時に、三世代にわたって見いだされるほど強く刻印されることがある。

このことは、作家ジャン＝クロード・スナイデル（Jean-Claude Snyders）が、私たちに語っている通りである。(9) スナイデルの父親は、収容所に送られたトラウマが解消されることはなかった。戦後、父親は暴力など存在しない、世の中はみな善良であるという考えのもとに子育てを行なった。それは父にとって、あらゆる暴力の表象を拒絶し、自ら体験したおぞましい記憶を意識の外に追いやっておくための一つの手段であった。したがって、スナイデルは、のちに暴力の現実を見いだしたが、彼自身および周囲の暴力に、どうにもなじむことができなかった。息子のスナイデルは、自らが暴力の犠牲者になりえたこと、自分がそうはならなかった代わりに受けた暴力について隠してきて、普通の日常生活を送ることと引き換えに、長らく対人関係の障害に苦しんできた。なぜなら、社会に上手に溶け込むことは、暴力を引き起こさないことを前提とするが、それはまた同時に、暴力について考え、感じ取れるということでもあるのだ。スナイデルは成人して父親になると、自分の子どもたちに、こうした困難さを抱えさせないよう決意する。だが、彼の抱えた苦痛は強烈ながら、彼の受けた教育はひどく欺瞞《ぎまん》的であったために、スナイデルは、必然的に悪い方向へと陥らざるをえなかった。彼は、絶えず子どもたちに暴力について語って、ついには、子どもたちがせがむより先に、おもちゃのピストルを買い与えるまでになった。ほどなく、彼の二人の息子たちは、問題を呈するようになる。わけもなく不安を示したり、強迫的な行為を発展させるようになったのだ。子どもたちは、父親の抱える怨恨や罪責感、そして暴力におびやかされるようになる。こうした状況を戯画化するなら、スナイデルの子どもたちは、父方祖父の収容所体験による副次的な犠牲者ということができるだろう。実際、スナイデル一家は同様に、社会の犠牲者でもある。社会は収容所の捕囚たちが、囚われの身になっていた間に体験したことを語ろうとしても、それに耳を貸そうとしなかった。それゆえ、重たい秘密が社会に課せられることに、社会そのものが片棒をかついでしまったのである。

したがって、〈秘密〉、〈秘密の〉漏出、反跳といった言葉は、同じひとつのことながら、それぞれ異なる契機《モメント》を指し示している。〈秘密〉は、傷ついたパーソナリティの心的分裂のなかに存する。漏出は、この傷の明白な表出である。最後に、〈秘密〉の反跳とは、〈秘密〉を抱える者の子どもが被る、こうした漏出の弊害を表わしている。子どもたちは、自分の親たちの理解できない行動に対処する代わりに為した分裂と、自ら見聞きしたことを説明づけようと自身に語る物語をめぐって育ってゆくのである。

---

(9) ジャン=クロード・スナイデル『埋もれた惨事』【47】。

第二章　秘密の漏出

子どもはみな、秘密のただなかで成長する。それは単に、子どもはみな、大人が用いる言葉や身振り、態度の意味に直面しても、それらを理解できないからである。そのうち、子どもは問いだして、大人がそれに答えることもある。そうでなければ、にっこりと子どもに微笑んで「大きくなったらじきにわかるよ」などと言うこともある。特に、子どもの好奇心の矛先《ほこさき》が、「性」にまつわるときには、しばしばそうなる。しかし他方でまた、子どものそうした問いが、親（大人）たちのなかに、怒りや悲しみ、あるいは理解不能な不快感を引き起こすことがある。私たちが「〈秘密〉の漏出」と呼んできたのはこうした諸反応である。これらの反応によって、子どもは、何か重大なことが自分に隠されていると考え、その秘密に到達することが暗黙裡に自分には禁じられていると憶測するようになる。

Ⅰ　過去と現在が混同されるとき

まずは、いくつかの事例をみてみよう。娘をきちんと育ててきた、ある男性についてである。この男性は、娘が毎週末の晩に外出するのを認めていた。だが、普段と変わらぬある日の週末、父親は、帰宅した娘をしたたかに殴りつけた。「門限を忘れていた」ことが理由であった。父親はそれから、事の次第を話すことを拒否し、娘が尋ねることも許さなかった。続いて、別の家族の事例である。ある若い男の子が、父親に、学校で習ったはやし歌を喜んで歌って聞かせた。それはよく知られた次のような調子の曲であった。「いいタバコを持っておるぞ、嗅ぎタバコ入れのなかじゃ、いいタバコを持っておるが、あんたには、あげませんぞ」〔歌詞の訳は、三木原浩史『シャンソンのエチュード』より〕。けれども、子どもが歌のさわりを歌い出すやいなや、父親は泣き崩れ始め、息子に歌うのをやめて黙るよう懇願したのであった。また別の家族の例では、ある親は、家の近くにパン屋があるにもかかわらず、息子にわざわざ家からとても遠いパン屋に買い物に行かせていた。息子がその言いつけに背いたりすると、何ら説明のなく、手酷く息子を叱りつけて罰するのであった。また、別の家族の事例。ある母親は母の日に、子どもたちが小遣いを出しあってお祝いに買って贈ってくれた花束を、花瓶ごと浴室から投げ捨てていた。他にもまた、私がかつて治療を引き受けていた家族の事例では、とても料理上手な母親が、ある料理レシピだけは、決まってひどくまずく作るのであった。父親は当時、子どもたちに食べたふりをさせるために、わざわざポリ袋を渡していたほどであった。

こうしたすべての状況には、基本的な共通点がある。それらはみな、ある傷つきと関係している。傷を被った者は、その傷から十分な距離を置いて考えることができず、自ら〈秘密〉を構成するようになっている。

たとえば、先に挙げた最初の事例では、娘の父親はベトナム戦争の古参兵であった。彼はその日の晩、テレビ番組を観ていた。その番組は、自分の過去の傷を呼び覚ますような内容であった。彼はまるで、かつて真夜中に遭遇したベトナム市民を殴ったときのように、帰宅した自分の娘を叩いたのだった。(1)二番目の事例では、その父親は元被収容者であった。収容所のカポ〔ナチの強制収容所で他の囚人の監視をする特権を与えられた者〕が、あるとき父に「俺は上質のタバコを持っているけど、お前さんが手に入れることはないだろうさ」(2)と、嘲笑しながら言ったと信じ込んでいたのだ。三番目の事例は、私がスペインのバルセロナで聞かされた話である。スペイン内戦中、男の子の父親は、共和国の部隊に所属していたのに対して、パン屋のほうは、フランコ派に属していたのであった。戦争終結後も憎悪は強烈に残り、父親のほうは、敵側だった相手とは商業的なつきあいを決して持とうとしなかった。そのうえ、大規模な恩赦と、それに長らく続いた沈黙の掟のゆえに、父親は、そうした事情を息子に説明することが困難であった。かつての争いをぶり返せば、父親は告発されるかもしれないのだ。そして、私が提示した四番目の事例は、ある女性についてである。この女性は、ある元司祭との間で子どもをもうけていた。そのため、子どもが生まれるたびに、信仰共同体からだんだんと離れて、苦痛に苛まれるようになった[3]。そして、最後の事例であるが、その家庭の母親は、自分が食べてきた料理を定期的に作っていたが、その時の料理は、彼女の目の前で自分の父親が心臓発作を発症したのを目撃したときに彼女が吐いてしまったレシピであった。

こうしたすべての状況における第二の共通点は、過去と現在が混同されて、ごっちゃになっていることである。ひとかたまりの過去が、突然、現在に入り込んでくる。それはまるで、フランソワ・ラブレーの物語において、北極を航海中の乗組員たちが、それ以前に何年にもわたって続いた戦争の擾乱の音を聴くようなものだ。それは、太陽の熱によって、凍結していた氷河が溶けだして、色々な音が再び聴き取れるようになったのだ〔ラブレー『パンタグリュエル物語――第四之書』第五六章参照〕。過去が現在になだれこみ、その終止符を告げるものは何もない。古いトラウマが再体験されるときと同じである。その原因となった出来事がいつであったのかなど、誰にもわからない。

（1）F・ダヴォワーヌ、J・M・ゴーディエール『歴史とトラウマ』【16】。
（2）J・C・スナイデル『埋もれた惨事』、前掲書【47】。
（3）M・ブラッドフェール『司祭の息子』【12】。

子どもはしたがって、理解できない感情や行動に居合わせて、啞然とすることになる。そして、子どもの驚愕があまりに大きいと、こうした奇矯さを誘発する要素が、知覚されないままのことがよくある。そして、音やにおい、色彩、さらには光の明暗といった要素で、苦痛を伴った〈秘密〉の保持者は、過去の劇的出来事《ドラマ》のなかに陥ってしまうのだ。その理由について、周囲の人たちは誰も理解することがないままに、である。

Ⅱ　奇妙な行動

時には、奇妙な行動が前面に現われることがある。そうした行動は、特別な出来事と関連しているときもある。息子が「いいタバコを持っておるぞ……」と歌うのを聞いて、泣き崩れた父親のように。だが他方で、そういった行動が、日常様式のなかに表われることもある。毎日の食卓のパンを、わざわざ遠くのパン屋まで買いに行かなければならなかった少年の事例のように。私が治療を引き受けていた、また別の事例の状況においても、そうした行動が繰り返されていた。それは、ある母親に関する事例である。彼女が五歳のときに、父親は家を出て行ってしまっていた。それ以来、父親とは一度も会うことはなく、そのことで苦しみ続けていた。やがて彼女は結婚して母となり、自分にぞっこんの男性と暮らしていた。二人の間には息子が一人いた。三人は毎朝、朝ごはんを一緒にとり、それから父親が仕事に出かけると、母親のほうは、保育園に連れていく時間まで息子の世話をするのだった。息子は、そのうち話をするようになった。あるとき、父親が朝、仕事に出かけると、息子は母親に力強い声で、「パパが行っちゃった **papa parti**」〔動詞 partir には「出かける」のほか「去る／出て行く／逝《い》く」という意味もある〕と言ったのだ。若い母親は、急に泣きじゃくりだすと、次のように叫んだ。「違うのよ、やめて、そんなことないわ、パパは出て行ってなんかいないわ！」。母親は、本当なら「パパ行っちゃった」といった二語文をはっきりしゃべるようになった息子の努力を喜ぶこともできたはずが、逆に、泣き崩れてしまったのだ。そうなった理由は、彼女が、現実の状況に関しての自分の息子の言葉ではなく、かつて自分の実の父親が去ってしまったときに彼女自身が被ったトラウマが続いていることに反応したのであった。状況は繰り返されていた。子どもは、父親が毎朝ドアを開けて家を出て行く瞬間を表現するのに、「パパ、去ってないよ」と言うことを覚えた。その男の子の奇妙な言葉遣いに気づき、その原因が把握されたのは、父方の祖父母の家に滞在したことがきっかけであった。

時には、奇妙な行動がほとんど感じ取られなくても、注意深い子どもというのは、すぐそれに気がつくものだ。作家ナンシー・ヒューストン（Nancy Huston）は、小説『断層線 *Lignes de faille*』【32】のなかで、私たちにそうした例を描写してくれる。ある少女が、自分は養子でもらわれた子なのかどうか自問する。少女は、非常にためらいながらも、自分が育った家のヘルガという名の老女中に尋ねようと決意する。

「ねえ、ヘルガ」さりげない声でわたしは言った。

「何ですか……」

「わたしが生まれた日のことを覚えてる？」

わたしは彼女をじっと見つめる。

びっくりして飛び上がったり、顔を赤らめたり、何か言おうとしてどもったりはしない。編み物をじっと見ている。それから少しして、編み針の動きが止まった。わたしには答えが分かった。黙っているということは本当なんだ。

それから再び編み物を始める。表目をひとつ、裏目をひとつ、ヘルガは靴下を編み続けた。わたしは、自分がこの家で異質の存在のような気がしてきた。


自分に隠されていることを知りたいという子どもの欲望は、決して遮ることはできない。

Ⅲ　感情の不適応

他方では、漏出が感情の不適応という形で表われることもある。作家のジャン＝クロード・スナイデルは、次のように語っている。かつて収容所で暮らしていた彼の父親は、食料品店で並んで待たされるたびに、ひどい癇癪《かんしゃく》発作におそわれていた。その怒りは、他の利用客たちをも、ひどく罵倒するほどであったという。[4]というのも、父親にとって、列に並んでいる状況が、収容所でスープ鍋の前に日々並んでいたときに感じていた不安を惹起させるからであった。それは長蛇の列で、彼が配膳を受ける前に、スープがなくなってしまうのでは、という不安であった。クリント・イーストウッド監督は、『ミスティック・リバー』という映画作品[5]のなかで、主人公である四十代の男性が、息子にある物語を語る漏出という形での、また別の例を示している。その物語では、子どもが化け物におそわれて逃げ出すというもので、おおむね「赤ずきんちゃん」に近い内容である。だが観客たちは、この父親の物語に、突如として語調や身振りに変化が生じるのを目にする。観客は、もはやオオカミに驚いて逃げ出す少年の物語ではなく、彼自身が体験した逃避行について語っていることを理解する。主人公は、二十年前、二人の小児性愛者が彼を暴行しようと監禁した地下倉から逃げ出していたのだった。

私はかつて、似たような状況の患者の治療を引き受けたことがあった。ある母親は、思春期の頃に家出をしていた。彼女はレイプされていたのだが、二十年が過ぎた後でも、その惨事を、決して消すこと

（4）ジャン＝クロード・スナイデル、前掲書【47】。
（5）デニス・ルヘイン Dennis Lehane 原作、『*Mystic River*』（二〇〇一）の映画化。

のできない染みとして背負っていた。彼女は無論のこと、その出来事について自分の息子には一度も語ることはなかった。だが、息子に隠していたつもりであっても、実は、しばしばそのことを語っていたことを知れば、ひどく驚いたであろう。それは確かに、彼女の知らないうちに行なわれていたのである！　この母親は、ほぼ毎晩、息子に絶えずせがまれていた同じ物語を話して聞かせてやるのを習慣にしていた。それは、スガンさんのヤギの物語〔アルフォンス・ドーデ『風車小屋だより』に収録された物語の一つ。スガンさんの言いつけを守らず山に行ったヤギは、オオカミに食べられてしまう〕であった。ところが母親は、この物語を、ある特有の強い情緒をこめて話して聞かせていたに違いない。その結果として、息子は大人になると、母親にあえて尋ねようともしなかった、ある問いに苛まれることとなる。それは、「あの物語に出て来るオオカミはいったい何を意味していたのだろう？」という問いだ。

　この母親は、その物語を、まるで自分に起きたことのように理解していた。スガンさんのヤギの物語とは異なり、彼女がオオカミに対して挑み、そして敗北した闘争は、命まで奪われることはなかった。だが、彼女に決して消えない痕跡を残した。それで、毎回この話をするたびに、自分の不服従や恐怖、それに彼女が受けて、最終的に敗北者となった攻撃性にまつわる記憶が同時によみがえることとなった。これで、すべてがはっきりしてくるだろう。彼女の息子が、この物語をそんなに頻繁に語ることを求めてくるとすれば、それは、このお話が彼にとって興味深いからではなく、母親が語り聞かせるうちに息子が感じとった、あまりの際立つ生々しさ、ありありとした現前性であったのだ。この女性は、しばしば、抑うつ的な思考に陥っていたのであるが、語り聞かされている間、息子は、母親が秘密にしている本質的な部分にふれている気がしていた。そこに何が隠されているのかは、よくわからなかったのだが、心の底で、もしも母親のことをいつか理解できるとすれば、まさしくその部分であると直感していた。息子はまた同様に、ある様相（顔）がその場所に取りついていて、「オオカミが何を意味していたのか」について知ろうとする問いが、そのことを証明してくれるだろうと理解していた。

息子は、母親のつらい生活史を知ることを望んでいた。なぜなら、母親がその体験を分かち合いたいのだと理解していたから。だが同時に、息子は母親の心のなかに、非常につらい記憶を呼び覚ましてしまうのではないかと心配していた。その問いに、ひとつの妥協点を見いだした。つまり、自分はそれについて騙されやすい人間ではないことを母親に気づかせつつも、母親の物語のなかの暗黙の取り決めは尊重するというものだった。

問題は、この少年が十五歳頃になって、非行に走りだしたことである。少年は、いかがわしい者たちがたむろする場所に足しげく通うようになった。今度は、自らがスガンさんのヤギの役割を果たすようになった。たぶん、オオカミの顔をみてみたいという秘密の期待を抱いてのことだろうが。母親が、かつて息子に強い感情をこめて話して聞かせていた物語は、彼にとっては同一化の受け皿となっていた。母親の過去に、物語をはっきり位置づけられず、息子は自らの将来に投影したのであった。そして、彼がもしも母親の物語のヤギになることを試みたとすれば、それは個人的な不安や欲望からそうしたのではなく、自身が否応なしに気持ちが離れたと感じた時期に、母親の近くにいようとしたのである。息子にとって、この繰り返されたお話しは、一般的な物語やお話しがそうするように、自分の内的世界にある不安気な人物像から距離をとらせることはできなかった。母親の物語を何度も聞かされることで、彼はその反対に、母親の秘密を見つけ出そうとして、そのような姿像のうちのひとつに自身を同一化させたのである。

子どもが、語り得ぬ〈秘密〉を保有する親と接触するなかで確立したことは、こうして彼の心のなかで異質な身体となる。子どもは、自分が見たり、聞いたり、想像したことをますます語らなくなると、それらをすぐさま忘却する方向へと導かれていく。子どもは、のちに、こうした「亡霊《ファントム》」に応じて自分の好みや行動を方向づけていく危険性がある。にもかかわらず、子どもは、自分が亡霊を構成していった当時の状況や事情について記憶してはいないのである。

Ⅳ　予想外の家族の伝統

すべての家族には、誕生日や結婚、葬儀といったような、家族にとって大切な出来事《イベント》を記念する儀式やしきたりが存在する。だが、深刻な〈秘密〉が存在する家族では、そうした記念日が覆い隠されたり、事情に通じた者たちだけで催されることがある。儀式的な記念日に何らかの秩序が働いていることは誰もがよくわかっている。だが、それが何であるのかは知らず、また、あえて問いだそうともしない。個人の記憶と同じく家族的記憶にも、影の部分の襞《ひだ》がある。家族の記念日には、時に、それを保存して維持することが運命づけられている。

例を挙げよう。ある家族では、毎年クリスマスに自家製のチョコレート菓子を食べる習慣があった。その菓子は、どういうわけか家族全員から「退屈《アンニュイ》」と名付けられていたのだが、誰もその語源について問いだそうとしなかった。それは実のところ、家族の出自と関連していて、ある母親が「退屈《アンニュイ》」にまかせて産み落とした私生児の家系によって築きあげられていた。あるいはまた、別のある家族では、パーティの日に米国系の音楽を流すことが禁じられていた。うわさでは、一九四五年のパリ解放の時、米国人兵士が祖母のもとに通って叔母が生まれたとされていた。この出来事は、確証も否定も決してできなかったのであるが、集団的な回避行為を通じてパーティのダンスミュージックの選択に影響を与えていた。あるいはまた、お皿や灰皿、コーヒーセットといった、家族のお祝いの際に並べられる物が、その使われ方や本来の価値と比べて不釣り合いなほど重要性のある物となることがある。個人でも、家族ですら、その理由や根拠について、きちんと説明できない。時には、冷やかしや冗談など些末な事柄、あるいは歌などが、そうした役目を果たすことすらある。この儀式の役割は、常に同じである。語ることが禁じられていたり不可能である家族にとって重大なイベントを記念すること。語ることで、恥や緊張感が余計に引き起こされうるからである。

このジャンルの物語は、クロエ・ドゥローム（Chloé Delaume）の作品[6]で語られている。彼女が語るところによると、当時、彼女の家族が集まると、みんなで、その当時に流行ったサーシャ・ディストゥル（Sacha Distel）のシャンソンを一緒に歌い、すべてが素敵なことのようにみえたという。その曲の題名は「家族のスキャンダル（*Scandale dans la famille*）」[7]であった。それは、ある少年の父親が、その少年が年頃の娘と出会って結婚しようとするたび、「その娘さんはお前の妹だ」と伝えて、思いとどまらせようとする歌詞であった。とうとう、必死になったその少年は、母親にそのことを話そうと決意する。すると母親は笑って、少年に次のように言うのだ。

気にしなさんな
お前の父さんは、本当の父親じゃないのだから
父さんも、そのことを知らないのよ

クロエは、自分が幼い頃からはっきりと感じ取っていたが、ある日、祖母から、知る権利がなかったことを伝えられる。クロエの父親が、本当の父親ではないことを、である。彼女は、それと同時に、家族や親族全員が彼女に嘘をついていたことにも気づく。出生の秘密を語る曲を彼女にも歌わせること

で、からかっていたこと、そうして結果的に、彼女が知らないままにしていたのである。そしてクロエは絶望の淵に沈むのだった。

V　追放された言葉、あるいは情熱《パッション》に覆われた言葉

ちょうど「首つりをした家では縄《ロープ》 corde について話してはならない」という諺を思い出させる。けれども、それでは、家族の誰かが、何か物をくくったり束ねたりする必要のある場合――前世紀の田舎地方ではよくみられたことだが――、その「モノ」をどのように表現すればよいだろう？「縄」を表わす別のフランス語、たとえば、「filin」や「lien」といった言葉で表わすのだろうか？　ニコラ・アブ

（6）クロエ・ドゥローム『地上の我が家で』【17】。
（7）この曲は、一九六五年にスリム・ヘンリー・ブラウンとヒュオン・ドナルドソン（Slim Henry Brown & Huon Donaldson）によって作詞・作曲された *Shame and Scandale in the family* のフランス語バージョン。フランス語の歌詞は、モーリス・テゼ（Maurice Tézé）による。〔日本では『オー・パパ』の曲名で越路吹雪によって歌われた。〕

ラハムは、一九六〇年代、秘密によって課され、組み付けられた言葉の語法上の変化についての詳細な分析に取り組んだ。言葉はそのようにして、秘密を伝達する媒体《ベクター》となる。アブラハムは、それについて四通りの語法を見いだした。

まず一つ目は、同形異義語 **homonyme** である。秘密となる言葉と発音が同じでも、綴りや意味が異なる単語がある。たとえば、数字の「3 **trois**（トロワ）」は、「トロワ **Troyes**〔シャンパーニュ地方オーブ県の県庁所在地〕」の街を表わす単語と同異義である。したがって、この街にまといつく、つらい秘密が、3という数字を連想させる気がかりなことによって隠されていたり、あるいは、その逆のこともある。たとえば、生後間もなく亡くなった姉のかわりに産まれた、ある若い娘は、姉の早死を知る権利がなかった。「私のお姉さん **ma sœur**（マ・スール）」について考えることを禁じられていたことは、彼女がのちに自らの職業として「マッサージ師 **masseur**（マスール）」を選択したこととなって現われたのである。

類音語（類字音）**paronyme** は、〈秘密〉の禁じられた言葉について考えられる二つ目のパロディー化である。それらは音声学的に非常に近しいものだ。ニコラ・アブラハムは、甲虫を意味するドイツ語 ***Käfer***（ケフェール）をめぐる事例を挙げている。それは、患者が妊娠したとわかったときに、その母親が発した「どうしたらいいの？（Que《ク》 faire《フェール》?）」という不安気な問いかけに、患者本人が知らないうちに取りつかれていた事例である。この患者は、意識野では甲虫類の存在に不安を感じていた。だが、無意識下で患者を不安にさせていたのは、自分の母親の不安気な問いかけであったのだ。

〈同一意味素に対する〉異意味 allosème とは、発音も綴りも〈秘密〉の言葉と同じであっても、意味が異なる。たとえば、「canard」という言葉は、鳥とともに諷刺新聞紙名も表わす。同様に「meurtrière」という言葉は、「殺人に手を染めた女性」とともに、「城壁の銃眼・狭間」という意味にも該当する。秘密の保持者にとって、不安に苛まれることなく秘密を抱えた言葉の異意味を利用することは困難である。こうした言葉は、発音や表記上ではそっくりなのだ。そのようなわけで、そうした言葉は、その者の言語活動《ランガージュ》から追放されていることがほとんどである。しかし、当人がみる夢や空想《ファンタスム》、あるいは人生の選択に取りつく視覚表象的な心配事として立ち戻って来る。たとえば、ある「meurtrière」をめぐる秘密は、こうした「小窓」に対する強烈な愛好（あるいは嫌悪）として表われうる。

最後に、〈秘密〉の言葉が、「クリプト語 cryptonyme（埋葬語）」の背後に隠されていることがある。クリプト語とは、一見、秘密の禁じられた言葉とは音素的・意味的に何ら関係のない言葉である。先の「meurtrière」にまとわりつく秘密に、知らないうちに取りつかれる患者について言及した事例では、「城塞 créneau」や「外堡 barbacane」といった言葉もまた、同じような役割を果たしうる。したがって、これらの言葉は、たとえば、職業上または旅行上の懸念や心配事の基盤にもなる。それらは、主体自身ですら気づかないところで、接続《アクセス》することを自ら放棄していた心的内部の〈秘密〉の存在を表わしてもいる。

VI　ひとつのシナリオ

親のなかには、多少とも意識的に、自分の子どもをこうした秘密の追悼記念日に参加させようとする者もいる。幼い頃、兄に性的いたずらをされていた、ある女性のケースがそうであった。ことが終わるたび、妹は兄から、「いいか、誰にも言うんじゃないぞ、俺たち二人の間の秘密だぞ」と口止めされていた。妹はいつも、「うんわかった、誰にも言わない、私たち二人の秘密なのね」と答えていた。妹は、やがて母親になると、このトラウマを次のようなやり方で追悼するようになった。毎週水曜、彼女は自分の息子をアイスクリーム店やケーキ屋に連れていって、次のように言っていた。「いいこと、誰にも言っちゃだめよ、内緒にしてね。私たち二人の秘密よ」。息子はこう繰り返していた。「うんわかった、誰にも言わないよ、僕たち二人の秘密だね」。もちろん息子が、それが何を意味しているのかはわかっていない。だが、そんなふうに答えて母親を喜ばせないといけないことは確信していた。この少年は、遊び仲間たちと秘密をつくる性向を、早熟にも十分に発達させていたのである。

ここにもう一つの例を挙げよう。ジョルジュ・サンド、本名はオーロール・デュドヴァンである。彼女は四歳のときに父親のモーリスを落馬事故で亡くしていた。サンドの父方祖母は、息子を失った喪が晴れないまま、孫娘を庇護して面倒をみることになった。しかし、祖母は、ほどなく、頭がおかしくなってしまったことが明らかとなる。彼女は毎晩、一緒に寝ていた孫娘のことを「モーリス」と呼んで、失った息子の代理にしていたのだ。さらには、祖母の父親もまたモーリスという名前であった。祖母は、父親の喪が決して晴れてはいなかった。幼いオーロール（サンド）は、祖母が自分のことを父親や曽祖父と混同していることなど、まったく知らなかった。後年、オーロール・デュドヴァンは成長して作家になると、彼女はつねに男装するようになる。パイプを吸って、男性的なペンネームを選んだ。実際、サンドの生育史を辿ってみると、彼女の色々な特殊性が、父親の死に対処するやり方であったこと、そしてまた、祖母や母親が受けたトラウマが、サンドに重くのしかかっていたことがわかる。

VII　子ども向けの本

私たちは、埋め込まれたトラウマを呼び覚ますイメージがもつ力について言及してきた。確かに、まったく特殊な力をもって、こうした影響が生じる領域がある。それは、幼児向けのイメージを備えた絵本の世界である。親たちは、しばしば絵本を通じて、子どもたちとコミュニケーションをとる。知らないうちに、親が秘密にしていた心配事や懸念についても。実際、絵本作品のなかには、考えうるすべての家庭的状況が見いだされる。それは旅行、旅立ち、別離、転居、祖父母の存在や不在、隠し子、幽霊屋敷、色々なアクシデント、出所のわからない金銭、などである。親たちは、明らかに、意識的にこだわっている美学や価値観に従って、読み聞かせる絵本を選択する。だが、彼（女）らはまた、自分たちに隠された欲望や埋もれたトラウマ、あるいは自らの親たちから応答もないまま長らく放っておかれた問いによって導かれてもいる。読者は、そんなことは大して重要なことではないと考えるかもしれない。だが、友人たちから贈られた本は別にして、家族はそれぞれ、こんなふうに絵本を購入する。子どもたちは、そのため、数多くの多様な物語に対面することになる。家族における出来事を知らないうちに懸念していた親からのプレゼントは、それゆえ、その他の贈り物のなかでも、いくらか「滲《し》みこんで」いる可能性は大いにある。だが、そんな絵本が家庭内にあるとすれば、子どもが真っ先に読み聞かせて欲しがるのは、しばしばそういった本である！　したがって、養子になった子どもの問いかけによって、集合的な記憶に苛まれるような家族では、男の子はしきりに、カバの家族のなかで育てられたキリンのお話をせがむのである。あるいは、自分の妻や子どもたちを捨てて、ひそかに祖父が蒸発していた家族において、幼い子どもらは、一家をたったひとりで育て上げていく母親ビーバーの冒険物語を選んでいた。この二つの事例において、子どもたちは、家族の歴史について何も知らない。だが、子どもの選択は、何ら不可思議なものではなかった。子どもたちは、親たちが抱える強烈な情緒に容易に気づいており、それらが特別な関心を引いていたのだ。強烈な情緒とは、たとえば、多少とも豊かであったり、含みのあるイントネーションや、きわめて生き生きとした身振りであったり、声の調子にみられる微かな震えであったりする。子どもは、親たちが抱えるこうした動揺の原因についてまったく何にも理解していなくとも、自ら感じ取るままに、改めて知ろうとするのである。特に、子どもが読み聞かせてもらおうときわめて熱心に求める絵本は、親のいずれか、あるいは家族全体に秘められた懸念としばしば共鳴する。そうした事象の背後には何の「思考の伝達」もない。あるのはただ、親の情緒に対する子どもの鋭敏な感受性だけである。さらにいえば、子どもがこうした形で受け取る情緒が助長させるものは、以下の事実と関係する。それは、私たちの心の内的状態が、話される言葉のみならず、何らかの状況やイメージと関係した身振りやしぐさ、態度などによって伝わる事実とつながっているということである。

VIII　いくつかのイメージに対する理解不能な応答

秘密の漏出は、時に、秘められた傷を呼び覚ます力を持つことがある。これについて、クリント・イーストウッドは、映画『ミスティック・リバー』のなかで例示している。先に挙げた、十二歳のときに監禁されて暴行を受けた過去をもつ四十歳の主人公は、テレビで吸血鬼の映画を観ていた。鑑賞している際の、享楽と恐怖がまざりあった彼の身振りから、映画のスペクタクルを大いに楽しんでいるようにみえる。だが突然、主人公は妻のほうを振り向いて、次のように語る。「なあ、奴らは、私と一緒に楽しんでいたよな」。そのとき、映画の観客たちはすべてを理解する。この主人公が、テレビ映画を観ていて強烈な感情を体験しているとすれば、ありふれた言い方であるが、彼はそこに、吸血鬼や血を吸われた犠牲者の姿ではなく、かつて自分を虐待した者たちや、犠牲者であった自らの姿をみているのだ。主人公は映画のイメージを観ているという印象を観客に与えつつも、実際には、自分のトラウマの私的な記録を可視化しているのである。この流れでいえば、彼はもちろん、当時思春期だった自分の恐怖や不安、絶望や虚しい怒りを再び思い出していた。それだけではなく、まだ幼かった主人公は、誘拐犯たちが表出する感情を理解していて、それらがどのような感情であるのか想像してもいた。理解する作業は、彼を暴行しようとする享楽から始まる。このように、苦痛を伴う〈秘密〉には、体験したことの痕跡と同時に、思考や想像、それに空想が含まれる。

子どもは、いくつかのイメージに接して過去の傷を思い出した大人のそばにいると、親の感情に関する自らの感情を「落ち着かせ」ようとする。子どもは、それだけ大人が受けた体験を自らも強烈に感じるのである。それが、大人の姿勢の変化や、心臓の鼓動や呼吸回数の変化、あるいは身振りの変化を通じた体験であろうと。そして、子どもの体験することに意味を与えてくれる親との交流が欠けていると、子どもはイメージのなかにそれを求めようとする。状況がもしも繰り返されると――それは、親と子どもが頻繁にテレビを一緒に観ているときに最も起こりうるのだが――子どもは、他人の感情に持続的に取りつかれることになる。子どもにとって危険なのは、こうした感情が、似たようなイメージを見るたびに再賦活化されることである。

こうした極端な状況の事例では、いくつかのイメージと関連した親の感情と定期的に直面してきた子どもが、しまいには、そういったしぐさや態度、身振りを表出するようになる。それによって、子どもは、きわめて近しい存在であった大人が抱えている、うまく瘢痕化されずに滲み出した傷を内在化させる一方、トラウマ的な出来事を「まるで実際に」体験したかのように信じ込むようになる。こうしたプロセスは、もちろん親子で一緒に見たイメージが何の役割も果たさなくとも生じうる。けれども、親の感情を強化させて、子どもが自分に近接して体験する感情と、画面上で見るイメージとを結びつけるよう促される視覚的サポートが存在すると、よりいっそう、生じやすくなる。

ジャドに生じたことは、まさしくそれであった。この思春期の女の子には、たくさんの性的に制約されたイメージがあって、自らの身体にすら、そうした感情を抱えて生きていた。ジャドの治療経過を通じて、彼女は次のような幼い頃の光景を思い出した。ジャドが母親とテレビを観ていたときに、母親が汗をかき出し、苦しんで、ゆっくりと呻き出した。母親はそのとき、テレビ画面に映し出されたイメージではなく、かつて彼女がレイプの犠牲者となって以来、自らの心の内面で耐え忍んできたイメージを見ていたのである。問題は、脇にいた幼い娘のジャドは、母にそんな過去があったことなど露知らず、母親の感情とその反衝としての身体状態を経験して、知らないうちに本来、自分のものではなかったトラウマ経験を宿してしまったことである。むしろ、ジャドはまさしく、すべてを体験していた。ただそれは、何らかを共感した他者の経験を通じてである。[8] 言葉遊びの危険性をあえて冒して言えば、彼女はそれを「本当に」体験したが、真実ではなかったといえよう。そして、そのような人が、誰かしら――親や友人、カウンセラー（治療者）など――が、たとえば性的虐待といった状況を自らが体験したことを実際に納得させようとする相手と出会った場合に、問題が悪化することになる。その場合のリスクは、ある近しい人の感情や身体状態を通じて影響を与えることのできるパーソナリティを備えた人物によって納得させられようとする場合、概して、当人が敏感で暗示にかかりやすいゆえに、問題がいっそう重篤化する。ある子ども、または大人がトラウマ的表象に苦しむとき、それは常に、あるトラウマがまさに体験されていたことを証明している。だがこのトラウマは、必ずしも、その人が覚えているつもりのものとは同じではない。つまりトラウマとは、それを記憶していると信じている当人によって体験されていたとは限らないのだ。

なぜなら、秘密の傷は「漏出して」、この漏出が、何世代に反跳していくからである。

（8）セルジュ・ティスロン『エンパシー――社会的遊びのただなかで』パリ、アルバン・ミシェル社、二〇一〇年。（S. Tisseron, ***L'Empathie au cœur du jeu social***, Paris, Albin, Michel, 2010）

第三章　秘密の反跳

　ある男の子が、近所に住んでいた別の家族の兄弟数人から性的暴力の被害を被っていた。彼は、この暴力について決して打ち明けることができなかった。男の子は、その兄弟や、家族の他の人たちに対しても、常に不安気で憎しみのこもった態度を取り続けていた。成人して父親となっても、彼は気がつかないうちに、こうした態度を自らの内に保ち続けていた。ただそれは、本当に不安からというよりも習慣的なものであった。ただ、彼の幼い息子は、自分の父親の眼差しを追っていて、そのしぐさを自分の態度に取り込んでいた。誰かが疑惑に満ちた（あるいは陽気な、悲しげな）顔つきをすれば、すぐさまそれに照応した感情を感じるものだ。子どもはこのように、知らないうちに家族に、さらにそれは、より一般化されて家族に似た人たちに対しても、疑いに満ちた態度を発育させる。同様のメカニズムは、数世代にわたって繰り返される。このように無意識の伝達が行なわれると、その影響が、長いこと不可視化されることがある。だがそれは、一見、何の変哲もない出来事として、ある日唐突に現われるのだ。たとえば、万引きなどがそれである。そのとき、家族は「たくらんだのは近所のあの子たちだ」と理由づける。さらには、「彼らのことをまったく誤解していた」、「連中はどこかうさんくさかった」、など。だがもしも、こうした家族の一員である若い娘が、近所の男の子のひとりと外出すれば、それは一大事となる。「どうして禁じられているの？」と娘は問う。「お前には禁じられているのだ、理由は言えない」と父親は答える。それ以上、もはや説明しかねるだろう。父はただ、「それが嫌」で「それだけでもう十分だ」と付け加えるだけである。

模倣というメカニズムは、このように世代を縦断する。それは毎度のように、子どもが見つけ出して模倣した態度やしぐさ、場合によっては理解された言葉を拠りどころとする。

I　模倣の力

秘密を保持する親がいると、その子どもは、つねに奇妙で繰り返される身振りや態度、しぐさ、言葉などに直面している。子どもは時に、それらを再現して、意味も理解しないまま、その感情を体験する。子どもはそこに精神的または人間関係上の習慣を据え付けて、生活全体を方向づけていく。そして、苦悩を抱えている親を独占するために、自分に関心を向けさせるか、あるいは逆に反発するのだ。親の抱える秘密がひどく苦痛を伴うとき、子どもは親の苦痛に対する無力な証人となる。家庭の雰囲気は、最も些細な部分においてまで強烈な苦痛によって切迫するだろう。トラウマを受けた親は、知らないうちに永続的な危機体験を伝えて、子どもを不安な雰囲気に陥れる。それが子どもに、不安定型を特徴とするアタッチメント・スタイルの発達を助長させる。ついには、自分が質問することを禁じられている問いに対する答えを想像しようとする子どもも現われる。だが、しばしば自分に隠されていた真実よりも、子どもはいっそうひどい物語を自ら構築している。

「〈秘密〉の反跳」を構成するのは、秘めた傷を抱えた親を持つ子どものなかで発達する、こうした精神的・対人関係的態度の総体である。それは、子どものパーソナリティが、親の態度と、それから親のすすめる日常コミュニケーションの図式《スキーマ》を連続的に内在化して構築されることだ。初期に内在化された相互的図式が、明らかに最も安定しており、パーソナリティに最も影響を及ぼす。それらは、感覚-動作性模倣、情緒的模倣、付随的注意という三通りの機序に依拠しつつ成り立っている[1]。乳児は生後三週から、親が舌を出すと、同じ行為をする。子どもは実際、意味はまったくわからないままに、自分の周りの大人がやる身振りやしぐさを模倣する能力を備えている。じきに、動作のみならず情緒面でも模倣するようになる。子どもは、自分が観察した大人のしぐさを模倣するうちに、その大人と同じ感情を経験するのだ。引き続き、こうした機序は、二歳以降から「付随的注意」と呼ばれる能力によって、さら

（1）前掲書。

に豊かになる。子どもは大人と同じ視線の先へと目を向けて、大人と同じものを見るうちに、自分に対するしぐさや感情を安定させていく。ついには、モノや親以外の大人でも、親に対するのと同じことができるようになる。最後に、発達の各段階で、子どもは自分の周りで理解する言葉を内在化する。それは時に、その意味を理解しないままやっていることがある。私的な例で恐縮であるが、妻と私は、そのような経験をしたことがある。娘が一歳のとき、私たちは、親戚のなかで重い病気を患った甥と、彼の世話をしていた父親のことで、顔をつきあわせて何度も不安気に会話していた。やがて甥が病から癒えると、私たち夫婦はもう甥の病気の話題にふれなくなった。ところが、娘は二歳になったとき、自分のお気に入りのぬいぐるみに対して、当の甥とその父親の名前をつけたのであった！　娘のこうした行為の原因として、私たち夫婦が、心配していた親戚の名前を何度も娘の前で発音していたこともある。だがそれよりも、非常に強い情緒をこめて、その話題について話していたことによるだろう。

こうした四つのメカニズム、つまりは情緒的模倣、動作性模倣、付随的注意、感情的に強烈な家族の言葉の反復は、私たちが長らく思考の伝達に原因があるとしてきた数多くの現象のキーポイントとなる。私たちは次に、これらの影響について詳しくみていこう。

II　アタッチメント（愛着）の特徴的スタイルの複製

前章で呈示した数多くの事例において、秘密の傷を保持した親の予測不能かつ極端な態度が幼い子どもの座標を不安定化し、安心感の欠如に寄与することは容易に理解できる。さらに、こうした経験的証拠は、親と子どものアタッチメント・スタイルを比較した研究に基づいて論証されている。

人間におけるアタッチメントの重要性は、ジョン・ボウルビィ（John Bowlby）の発見による。[2] けれども、アタッチメントを定義づけ、その理論モデルを充実させるのに最も貢献したのは、ボウルビィの弟子メアリー・メイン（Mary Main）の功績であった。メインはアタッチメントを、仕立て屋や服飾デザイン業界で用いられる「型紙」にたとえた。それはまったく意識的なものではなく、振る舞い方や、対人関係的な出来事の解釈の仕方を決定する内的ガイドである。こうしたアタッチメントの表象（オペラント内部モデル modèles internes opérants（MIO）〔英語で内的作業モデル *Internal Working Model*（IWM）のこと〕）が、とりわけ周囲との関係のなかで引き起こされる感情や思考モードを構成する。（メインの提唱する）アタッチメントには、**安定型、不安定－回避型、不安定－アンビバレント型、不安定－無秩**

（2）ジョン・ボウルビィ『愛着と喪失』【11】。

序型という四つのタイプが存在する。こうしたアタッチメントのモードが、子どもと同時に大人にもみられるのである。

安定型アタッチメントを備えた人は、自分自身にも他人にも信頼をよせる。このタイプの人たちは、たとえ過去のつらい体験であっても、きちんと話を構築して語ることができる。**不安定–回避型**アタッチメントを備えた人は、分離という観念に早期から慣れていて、回避行動によってそのリスクから身を守ろうとする。だが、そうした情緒的退却は、彼（女）たちの対人関係にとってはハンディキャップとなる。**不安定–アンビバレント型**をもつ者は、アタッチメント対象を自分に引き寄せておくために全力を尽くすので、自分のことに専念する活力に欠けている。加えて、人間関係の安定性が保障されるやいなや、彼（女）たちのアタッチメントの対象への注意を引くために、長らく抑えられていた攻撃性が爆発することもある。最後に、**不安定–無秩序型**アタッチメントの子どもは、傍をちょっと離れるといった親たちのささいな身振りに対しても極度の不安を表出する。だが、親が部屋を出て行っても、まるで大したことがなかったかのように振る舞うのだ。彼（女）らの反応は、周りの者たちにとっては理解不能かつ逆説的である。

こうした初期の研究以降、さまざまな研究によって、これらのアタッチメントのモードが生涯を通じて一定ではないことが示されてきた。安全型アタッチメントを備えていた幼い子どもが、重篤なトラウマを体験して不安定化タイプとなることもあれば、不安定化した子どもが、適切な経験を通して、心的により安定した方向にすすむこともある。だが、ここで私たちの関心をひく観点からみると、メアリー・メインの仕事の最大の功績は、親と子どもの間でそれぞれに特徴的なアタッチメント・スタイルが関連することを実証したことである。[3] まるで、アタッチメント・スタイルの伝達が存在するかのように生じ、そこに伝達という言葉が、完全に適合したのである！　たとえば、自律的な親からは、より安定したアタッチメントを呈する子どもが生まれるが、回避的な親からは同じような子どもが生まれる可能性が高いとされる。同様に、未解決の重度のトラウマを抱えた親は、しばしば感情や行動が、極端で不可解になりやすく、無秩序型アタッチメントを備えた子どもが生まれてくるリスクが高まるという。こうした予測は、子どもの主要なアタッチメントの態度や様子がその原因とされる場合に、よりいっそう高まる。最後に、〈秘密〉を抱えた親から生まれた子どものアタッチメント（愛着）障害のもうひとつの特徴として、興味を示す場所やモノにこだわる点である。言葉でのコミュニケーションがないと、彼（女）たちは、こうした場所やモノを、語りえない記憶の支えとして樹立させ、そこに記憶を閉じ込めてしまう。彼（女）らはそこに、決して呼び起こされなかった秘密の鍵が、いつかはそこにみつかって、理解

（3）M・メイン、E・ヘッセ「親の未解決のトラウマ経験は、子どもの解体型のアタッチメント・スタイルと関連する——驚愕的な親の行動が関連するメカニズムなのか?」、グリーンバーグ、チケッティ・カミングス編著『就学時前のアタッチメント——理論、実践、介入について』シカゴ、シカゴ大学出版、一九九〇年、p. 161-182.

できるのではないか、という幻想にしがみつくことになる。親たちが自分のトラウマについて語らない理由がどのようなものであれ、子どもたちは常に同じ危険に晒される。それは、自分に帰属する対象やモノ、それと頻繁に出入りする空間などを、際限なく崇拝してしまうことである。

Ⅲ　学習の障害

アタッチメントのスタイルに続いて、家族の秘密によって第二世代で頻繁にみられる弊害は、学習の障害である。

まず第一に、地理学や数学が苦手といった特定の学習障害では、その領域における知識に秘密が関係していれば、秘密それ自体の性質によって問題化しうる。心の不安全感も、同様に精神障害の増悪をもたらし、それが子どもの学習能力に悪影響を及ぼす。結局のところ、自分には何かが隠されていると直感すると、子どもは親に対する信頼を失いがちである。信頼の喪失は、その外延にまで広がり、親の代理と受け止める教育やしつけに対しても同様に信頼が失われる。なかには、独学という、ひとりきりでしか学べない反応をする子どもも現れる[4]。あるいは、自分の能力に自信を失ってしまう子どももいる。とりわけ、親が秘密の存在を否定して、現実の事態が、子どもが見たり理解している内容とは異なることを、どうにかしてわからせようとする親と対質した場合にそうなる。子どもは自分の内に引きこもり、実際はまったくそんなふうではないのに、自分に精神的欠陥があるかのように振る舞うこともある。だが、〈秘密〉をもつ家族のなかで成長した子どもたちの学習面における主要な困難さは、子どもの本来の好奇心や心的エネルギーが、どのようにして親の体験の練り上げに向けて逸脱していくのかと関係している。そうした親の体験は、子どもたちが察していたり、思い描こうと試みていたものだ。子どものこうしたエネルギーは、もはや子どもの生活に固有な経験の象徴化、とりわけ学習のために用いられない。

確かに、そこから将来的な創造性の素材を引き出すことができる者もいよう。だが、なかには、苦悩を抱えた親から植え付けられたイメージやシナリオを実演することに生涯を捧げる者もいるだろう。それはまさしく、漫画『タンタンの冒険』シリーズの作者エルジェ（Hergé）の場合がそうである。『タンタンの冒険』では、父親の出生状況と関連した言葉に尽くせない（indicible）家族の秘密が語られて

（4）J・L・ブルノ、M・ブルノ『地下納骨堂を持つ《クリプトフォール》（cryptophore）子どもの精神構造』、フランス精神医学雑誌、一九八五年【13】。実のところ、ここでの「cryptophores」という用語の選択は適切ではない。というのも、これは「亡霊《ファントム》」を保持した子どものことであるからだ。すなわち、個人的秘密ではなく他者の言葉に尽くせない（indibicle）秘密と関連した心的障害を保持しているということである（後述、第五章参照）。

いる。[5] 映画監督のアルフレッド・ヒッチコックの場合もそうだ。彼は生前、自分の母親がどのようにして自分を怖がらせて楽しんでいたかを語っており、視線のやりとりを通した罪責感の転移と呼ぶものを重視している。[6] ヒッチコックは、母親が体験した破局《カタストロフ》について仄めかしていた。だがそれは決して母から語られることはなく、幼い彼自身が母親の視線のなかに垣間見ていたのであった。ヒッチコックはやがて、観る側を「椅子に括りつけられた」子どもの立ち位置にそれぞれ置いて、巨大なのぞき穴〔映写機のこと〕のなかで展開される映像や、他者のファンタスムに、私たちをおびえさせつつ立ち会わせることのできる映画監督となった。

だが、例外的状況があるからといって、このような困難さが、親の世代の言い表わせない苦悩に直面する子どもの宿命であることを忘れてはならない。

Ⅳ　身体的徴候

深刻な家族の秘密に服従した子どもは、自分が体験した内容に意味を持たせる表象の構築に乗り出す。だが、こうした表象は言語化できないものだ。というのも、親たちが子どもの質問に答えられる状況になく、埋もれたトラウマについて話すことになるからだ。したがって、子どもの表象は、情緒的、感覚的さらには身体的なものとなる危険性がある。(7)幼い子どもたちは、実際に、親の心的苦痛に応答して身体的徴候を発展させる傾向がある。(8)それは、親の隠された苦痛が身体的要素で構成されていると、なおいっそうそうなる。そして、子どもの身体に、病気という形で具体的に再創出されるまでにいたる。それはちょうど、強制収容所体験者の子どもにみられたような、親が受けたことを想像することの苦痛として。

子どもの身体症状は、親や周囲の者たちが欺いていたトラウマを発見したことに由来することもある。それは、ナンシー・ヒューストンの小説『断層 *Lignes de failles*』のなかで描かれた幼いクリスティーナに生じたことだ。自分が養女であること、さらにひどいことに誘拐されていて、それを家族が隠したがっていることを理解すると、彼女は嘔吐と下痢症状におそわれてトイレに駆け込む。同時に、

---

(5) セルジュ・ティスロン『精神分析家を尋ねるタンタン』【50】。本書の第五章Ⅳ節も参照のこと。

(6) セルジュ・ティスロン『ヒッチコックはいかに私を癒したか』(S. Tisseron, *Comment Hitchcock m'a guéri*, Hachette, 2005)。

(7)「同一化」という用語が、こうした状況に適合しないのはこうした理由からである。むしろ「具象化」という言葉が当てはまるだろう(I・コーガン『自己を探して』、国際精神分析雑誌、七〇巻、第四部、一九八九年、p. 661-671.)。

(8) L・クライスラー『小児の心身症』【35】。

母性や出産に対する恐ろしいファンタスムにも囚われ、それは嫌悪するほどであった。

わたしは便座から下りた。鎖を引いて水を流し、それからもういちど床に膝をついた。いやな匂いのする便器に屈みこんだけれど、もう吐けない。それにもかかわらず、激しい吐き気に襲われて額に汗が浮かぶ。(9)

V 謎めいた行動

秘密の反跳は、時に、精神障害や倒錯を示唆する行動として姿を現わす。子どもは親の不安に直面しながらも、その意味がわからない。ただそれが親にとって大事なのだと察すると、子どもは説明不能な「神経質性の発作」を呈する。実際、子どもはそのようにして、答えのみつからない問いが自分のなかに生じた不安や怒りを追い出そうとするのだ。他方で、親に過去のトラウマがよみがえると、子どもは心の奥底に、自分には見たり聞いたり理解する権利がなかったことから何かが生じるのを感じる。この状況は、まさしく、アントナン・アルトー（Antonin Artaud）が「彼岸からのさまざまな出現に驚く」〔A・アルトー『演劇とその分身』安堂信也訳より〕と述べたことに照応する。アルトーが仕上げた奇妙な作品群をみると、彼が精神的に乱れていたのだろうと考えさせられる。たとえば、子どもは、戦闘で殺された親の戦友たちの声を聴き取る。リティー・パニュ（Rithy Panh）監督は、カンボジア内戦の影響について表現した映画のなかで、自分の親たちの練り上げられていないトラウマと関連した幻覚を呈する人々をそのように描き出した。[10]

けれども、「説明不能な」状況は、子どもが知らないふりをしている〈秘密〉の存在との関係のなかに置いてみると、しばしば十分に理解できるものだ。自分の父親が司祭であったことを知る術《すべ》のなかったマーク・ブラッドフェール（Marc Bradfer）は、兄もまた真実を知らないふりをしていたのが、妹たちには密かに打ち明けていたことを語っている。[11]

最後に、秘密を抱える家族のなかで育った子どもが成人すると、今度は当人が秘密を創出する大人になりやすいことを忘れてはならない。そういった人たちは、自分がその犠牲になっている相手を支配できないために、自分がコントロールできる別の人を創出しようとする。彼（女）らは、隠しだてをしたり、腹黒くて陰険であったりする。彼（女）らにとっては、自分の親に同一化するひとつの方法である

（9）N・ヒューストン、前掲書【32】、p. 419。
（10）リティー・パニュ『焼けた劇場のアーティストたち』、二〇〇五年。
（11）M・ブラッドフェール、前掲書【12】。

だけでなく、自らと対峙する〈秘密〉によって引き起こされた欲求不満を練り上げていこうとする。彼（女）らは、自身が相手から察知しても何も知りえなければ、その欲求不満と折り合いをつけるべく、成長して自分が固有の秘密の主《あるじ》となる。だが今度は、その子どもたちが、それで混乱してしまう危険性がある。

VI　罪責感

親のいずれかの苦悩や不安の表出に直面すると、子どもは、自分にその責任があるものだと考えることがある。こうした応答の仕方は、幼い子どもに特徴的である。実際、幼年期の間、幼児は、それに関して大人の態度の原因が、たいてい自分にあると感じる。問題は、そのように応答する子どもが、罪責感の隘路に永続的に嵌まり込んでしまうことだ。しまいには、実際には自分に何ら関係のない数多くの状況についても、自ら罪責を感じてしまうようになる。それは、説明不能で執拗な罪責感を発展させていた、あるスペイン人女性に生じていたことであった。この女性は、スペイン内戦時代に母親と母方祖母のもとで幼年時代を過ごした。当時、母親と祖母とは、しばしば口をきかない関係であった。幼い娘は当時、ふたりとも、自分に話したくなくて口をつぐんでいるのだと思っていた。だが実際は、娘の伯父にあたる母の兄が、密かに行方知れずとなっていて、母も祖母も、それについてどう考えてよいのかわからなかったのである。伯父は死んだのだろうか？ 捕まって拷問を受けたのだろうか？ 説明もなかったために、幼い娘は、母も祖母も自分に不満があって「むくれている」のだと想像した。その娘は成長して、こうした状況を忘れていた。けれども、罪責感は残っており、彼女の職業面や家庭における数多くの出来事のなかで、それを感じ続けてきた。この女性が、自分の罪責感の原因が、母親と祖母の沈黙についての自分の解釈の仕方や、自分が誤解していたと理解できたとき、彼女は楽になったと感じて、過去から自らの現在性をうまく切り離すことができるようになった。

Ⅶ 順応主義

ベルナルド・ベルトルッチ監督は、映画『順応主義者』(12)のなかで、順応主義という態度の一例を示している。物語の冒頭、ジャン＝ルイ・トランティニャン（**Jean-Louis Trintignant**）演じる主人公は、精神科病院に入院している父親のもとを訪ねる。時代は一九三〇年代の終わり。この若者にとって、いくつ

(12) ベルナルド・ベルトルッチ監督、映画『*Le Conformiste*』、一九七〇年（邦題『暗殺の森』、一九七二年公開）。

かの問いが、ひどく気がかりであった。「自分の父親は、第一次世界大戦中に拷問されたのだろうか？どんなやり方で？　いったいどうして拷問されたのか？」。父親に会いにきたのは、その問いの答えをもらうためであった。だが、年老いた父親は、息子の質問に返答するかわりに、身を震わせて次のように呻きだした。「拘束衣をよこせ！　俺を拘束してくれ！」。父親は自らの要求に従って、たちまち拘束されたのである。父親にとって、自分の記憶について語ることは不可能であったばかりか、語るように求められることそのものが拷問であった。この父親が、もしも自分の過去について何らかのことを語れるとすれば、それはおそらく、コスタ゠ガヴラス監督[13]の映画『ミュージック・ボックス』のなかで登場した拷問者と同じセリフを発したことであろう。その場面は、かつての拷問者の娘が、父親の過去についての恐ろしい疑念を当人に確認しようとしたときに発せられた。「私が全人生をかけて忘れようとしているというのに、お前はそれを私に思い出させようというのか」。トランティニャンが演じた主人公の父親は、自分の過去を語るリスクよりも、自ら拘束されてでも沈黙しようとする。ベルトルッチ監督がタイトルに『順応主義者』と名付けた映画の冒頭は、このように始まる。実際、映画の内容は、主人公が、ムッソリーニ政権が刑を宣告した政治的対立者の処刑を実行するために、自らの個人的信条や感情、愛の情熱すらも放棄していく姿が描かれる。この若い男性は、自らの道徳や心情を踏みつけることのできる、まさに順応主義者であった。だがこの選択は、主人公の政治的信条によるものではない。トランティニャンによって演じられた主人公は、自分に固有の感情や知覚をもとに自らを導いていくという困惑する問いから背を向けることを決断した順応主義者であった。彼は特別なメリットも感じなかったが、彼の目には正当性があるように映った権力のために奉仕する歯車となることを決断した。彼にとっては、それだけで十分であった。〈秘密〉はこのようにして、それが家族のものでも国家的レベルであっても沈黙を助長させる。そして沈黙は順応主義を仕立て上げる。そして、人が別様に考えることを可能にするあらゆる思考を退けてしまうのである。

ここでは明らかに、親との関係における幼い子どもの態度が何を意味するかがわかる。子どもにとって、自分の人生選択、ましてや学歴や教育的選択を蒸し返すことが問題なのではない。それを選択したのが親であること、それだけで十分である。だが、親たちは子どものためを思って考えたとしても、「良かれ」と思ってしかできない。このような幼児的態度にとどまり続ける子どもは、大人になっても、親代わりに「リーダー」や「エリート」をすげかえる。このことは歴史的に、ナチスのルドルフ・ヘスの経歴が示している通りである。

ルドルフ・ヘスは、一九四〇年から四三年までアウシュヴィッツ収容所の司令官を務め、大量殺戮の手段を作り上げた張本人であった。一九四五年の死刑執行前に、ヘスは面接を受けて談話を残している。そのなかで、自分に究極の解決法の実施を託したのがハインリッヒ・ヒムラーであったと語っている。

(13) コスタ゠ガヴラス監督、映画『*Music Box*』、一九八九年(邦題『ミュージック・ボックス』)。

いた(14)。中流階級の出自であったヘスは、従順かつ有能な人間として知られていた。ヒムラーは、アウシュヴィッツで、できるだけ多くのユダヤ人を殺戮して、その死体を迅速に処理できる方法を考案する仕事を委ねるべく、ヘスを召喚したのだ。面接のなかでの談話で、ヘスは、まず第一に、ヒムラーの要請に非常に驚いたと言っている。公式には、ユダヤ人の収容について述べてはいても、根絶まではふれていなかった。ヘスの談話によれば、ユダヤ人根絶が本当に不可欠なことなのか、収容だけで十分ではないのかとあえて問うこともできたであろう。ここではヒムラーの発言としていたヘスの回答が、とりわけ興味深い。ヘスが後日それを告白したことや、本当に彼が談話の通りに理解していたのかは、さして重要ではない。というのも、彼がどのように物事を認識していたのかがよく表われているからだ。ヒムラーは、ヘスにユダヤ人根絶を厳命したわけではなく、「エリート」の威信に訴えただけであろう。ヒムラーは彼に、ドイツが純粋さと力強さを再び取り戻すためにはユダヤ人を抹殺する必要があることを、当時のドイツ最高の知識人たちが明示していることを喚起したのだろう。教養もない一介の田舎者の息子にすぎなかったヘスが、どうしてこれに反対意見を主張できよう？　加えて、ヘスは、この仕事を遂行するために必要とされる権限を持っていた。もしも彼の立場にたてば、誰もが同じことをやるかもしれないのだ。

Ⅷ　恥

苦痛を伴う秘密をめぐって考えうるすべての反跳のなかで、恥は、別枠に置いて考える価値がある。恥の感覚はトラウマに伴って生じ、トラウマ保持者が次世代とのコミュニケーションのとり方を通して印づけられる。だが、しばしば事態は違ったふうにすすむ。恥は、第二世代になってはじめて進展するのだ。

最もシンプルな例から始めよう。それは、子どもが恥を抱えた親の傍らにいながら成長する状況である。したがって、子どもは、自分が想像したことへの責任をしばしば引き受けがちである。この場合、子どもは親の恥を内在化する。その際、子どもは自分に関連づけながら、しばしば想像上で自分がそれを治してあげたいという欲望を実現させる方法をとる。こうした態度は、万能感と全能の支配感の幻想に基づいており、もはや無垢な態度ではありえない。子どもは、もっと自由に自分と交流してもらえるように、親の抱える恥の感覚を楽にしたいと望む。だが、恥じ入る親を子どもが内在化することは、親

(14) R・メール『死は私の職業《メチエ》』、パリ、ガリマール社、フォリオ文庫、一九五二年(R. Merle, *La mort est mon métier*, Paris, Gallimard, « Folio », 1952)。

をその病から、ただ回復させるだけでは済まない。それ以上に、この心的操作を実現した子どもは、自分のなかに他者の恥の感覚を生涯にわたって引きずってしまう危険がある。[15] しまいには、子どもは自分の感じた恥の感覚が、本来は親のなかに感じ取っていた恥とつながっていることすら忘れてしまう。親や自分に課せられているはずの恥の原因の問題となるイメージを考慮に入れなければならない。それは、いかなる言葉を取り上げても、その感覚を捉えることはできない。親の恥を感じ取った子どもは、そのイメージとして殺人や誘拐、暴行などにまつわる悪夢をみているのだ。

秘密の傷を保持する当の本人は、それを何も感じていないのに対して、その子どもが恥の感覚を発達させることもある。当の親は、一見、深刻にみえる出来事について沈黙を守って語ろうとしない。すると子どもは、感じ取った秘密を自分は打ち明けるに値しないと判断されたのだと想像する。子どもにとって親が自分に打ち明けたりしないのは、自分が秘密を共有するに値しないとみなされたからだ。その子どもは、恥（羞恥）の感覚を発展させることになる。

最後に、恥に関する前述した二つのリソースに、もうひとつ付け加わる。それは、禁じられているものを知りたいと欲望する恥、さらに言うと、親が嘘をついていると想像することにまつわる恥である。これは、親の正直さ・誠実さに疑念を呈し、親は嘘をついているのではないかという恥で、親の沈黙に対する対価を要求することにまつわる感覚である。

IX　言い表わせない・名付けられない・考えられない

秘密の「反跳」を締め括るにあたり、「言い表わせない indicible」、「名付けられない innommable」、「考えられない impensable」という三つの有用な語義的指標について振り返ってみよう[16]。この三つの性質を表わす形容詞は、しばしば混同されるのだが、きちんと区別して用いれば有用な指針となる。

まずは第一世代から始めよう。トラウマを経験しながらも十分な仕方で練り上げるまでにいたらない世代のことである。〈秘密〉の元となる出来事は「言い表わせない」。体験者たちは、そうした出来事について話したくない――または話すことができない――のである。次世代になると、こうした出来事は、話すことによる表象の対象とならない限り「名付けられない」。出来事の中身は知られることなく、ただその存在だけが直感されて問いただされる。重篤なパーソナリティの障害は、ないか、あっても軽度だとしても、学習面における特有の障害が出てくるのは、この第二世代である。最後に、第三世代であるが、「名付けられなく」なった出来事は、文字通り「考えらなく」なる。秘密の存在そのものが知

(15) セルジュ・ティスロン『恥――社会関係の精神分析』【52】。
(16) セルジュ・ティスロン、前掲書【53】。

られることなく黙殺される。子どもは、大人になっても、自分にとって「奇妙に」みえたり「変だな」と感じる行動やイメージの感覚や感情、潜在性を感じ取ることはできる。しかし、本人には、それが自らの心的生活や家族の歴史を通じて説明できない。

こうした歪みは全体として、前の世代と同じく、子どもと大人との間のコミュニケーション不全に起因する。だが、こうした障害は、実のところ前世代よりもいっそう、重篤な影響を及ぼす。実際、仮に〈秘密〉の守護者としての親が、その子どもにとって局所的な不透明さを備えた鏡であるとしよう。その親自体かつては〈秘密〉を抱えた親に従属していた。だがそのパーソナリティは、知らないうちに歪曲されているので、子どもにとっては不透明な歪んだ鏡となる。もはや〈秘密〉の影響は不明瞭となり、前世代の親たちができたようには突き止められなくなる。それらは拡散して、かつ歪みを課されるのだが、〈秘密〉を抱えた前の世代から生まれた親自身が、その秘密を解く鍵を所持していない。その子どもたち（つまり、祖父母らが、乗り越えられず言い表わせないトラウマを抱えていた）も、前の世代と同じ障害を発展させうるのだが、それはより重篤なものとなりえる。共通する点としては、どちらの世代でも、一見、あらゆる意味が抜け落ちている、ということだ。とりわけ、精神病性の障害や精神遅滞、色々な非行や犯罪行為や薬物中毒といった障害は、学習能力に干渉して重い弊害が生じる。

第三世代以降、〈秘密〉は、極端に重篤な場合を除いて、個人の承認された習慣的態度全体のなかに溶け込み、その人のパーソナリティ全体を表わす傾向にある。だが、重篤な場合だと、世代の連鎖が途切れてしまうこともあり得る。家族の秘密が子孫たちに及ぼす影響には、精神疾患や心的な欠如のみならず、個人的嗜好への過剰な備給や傾倒もあり、それらは出産や生殖活動をも阻害する。このように、いくつかの血統や家系が、一見明確な理由もなく絶えてしまうこともある。

実際のところ、ある人が、自ら個人的に受けた消化（練り上げ）不良のトラウマのせいで、子や孫を邪険に扱うことはある。だがそれは、親のどちらかの〈秘密〉の影響によって生じることもある。作家ジャン゠クロード・スナイデルの場合のようにである。私が経験したもうひとつの例としては、乳児への授乳を絶えず中断していた母親の事例である。乳児が哺乳瓶を吸い始めると、母親はそれを乳児の口から取り上げて、次のように言っていた。「もうおやめなさい、息が詰まってしまうわよ！」。乳児は、一瞬、驚いた表情を浮かべると、それから当然のごとく泣き叫びだした。母親が乳児に再び哺乳瓶を与えると、乳児は何事もなく吸い始める。それから母親は、乳児の口から瓶を取り上げて、またこう言うのだ。「息が詰まってしまうわよ！」。乳児への授乳行為はすべて、このような妨害と驚きのまじった行為で区切られていた。やがて、この母親は、二つの起源をもつ不安を抱えていたことがわかってきた。彼女はかつて、死にいたるのではないかと危惧するほど喘息がひどかった母親の面倒をみていた。彼女はまた、祖父の死の状況をめぐる〈秘密〉のなかで育てられてもいた。祖父は窒息死していたのだが、諸般の事情から、彼女にはそれを知らされていなかった。彼女の阻害された、または現在も妨げられている行為は、この二つの出来事から説明できる。彼女は、自分の母親をめぐっての個人的トラウマと同時に、祖父の死をめぐっての家族の〈秘密〉の漏出を抱えていたのである。この二つの場合、事態《ドラマ》は「窒息」という状況をめぐって深刻化した。幼い娘は当時、母親に喘息発作が生じたとき、窒息して死んでしまうのではないかと心配していた。娘はまた、死んだ祖父も、その事情を話すことを禁じられた状況のなかで亡くなったではないかと予感したのだった。さらには、この状況であると、祖父の死を〈秘密〉が取り巻いていなければ、母親の喘息発作は、そこまで劇的に悪化しなかったのではないかと自問することもできよう。当初の〈秘密〉の漏出や反跳は、ひとつの世代のなかで、このように累積しうる。乳児にきちんと授乳させることがきわめて困難であったこの事例の女性の場合、そうした困難さは、自分が母親の喘息発作に対して無力であったことを隠していた彼女の苦悩の漏出であった。その困難さは同時に、秘密にされた状況下で窒息死した自分の父親の死を防げなかった彼女の母親の苦悩の反跳でもあったのだ。

第四章　新たな諸理論

家族の秘密の病理的な弊害が、長らく過小評価されていたとすれば、それはまずもって、それらが医学的に「病原」と呼ばれうる特定の症状を生み出すことがないからである。それに反して、家族の秘密という存在が、子どもの障害を悪化させることは否定の余地がない。たとえば、癇癪《かんしゃく》発作を生じる傾向のある子どもの場合、本人が家族の秘密に感づいていても、誰もそれについて本人に話さずにいると、症状を増悪させる危険がある。私たちがすでに理解してきたように[1]、その理由は〈秘密〉の漏出に子どもが嵌まり込むことの不安定さと関連する。この不安定さが、そうでなければ許容範囲にあったはずの行動や性格の特異さを増悪させることとなる。なかには不安定さのために、発達のある段階にすむことが妨げられたり、学習の障害を増悪させたり、自尊心を失ってしまう子どももいる。

臨床実践においては、家族の秘密を理解するために、複数の理論的革新を必要としてきた。それは初

(1) 前掲書【53】、第三章参照。

期には、家族療法のシステミック理論の治療者たちによって実践されてきた。ボゾルメニュイ・ナジ（Boszormenyi-Nagy）は、とりわけ負債という概念を中心に据えることを提唱した。それは、誰もが親から与えられた人生を背負っていると考えることから始まる。(2) このアプローチは、罪責の次元と同時に償いという欲望も含意して、その後の数多くの理論研究に多大な影響を与えた。精神分析家についていえば、グループ（集団）の力動とともにトラウマの影響に向き合わなければならなかった。これら二つの場合における理論研究が、社会的現実を心的生活の理解のなかで統合させることを促した。それは、ニコラ・アブラハムによって、一九六〇年代末以降、「第三局所論」と名付けられた概念化を促進させることとなった。フロイトは実際、心的生活について考えるうえで、まずは意識と無意識を対置し、それから、自我、エス、超自我という力動を導入した。この第三局所論――あるいは、ニコラ・アブラハムによって「現実的局所論 topique réalitaire」とも呼ばれていたが――、これは、社会生活と間主観性に中心的な役割を与えることになる。

I　システミック・アプローチ

家族の秘密についての最初の臨床アプローチは、システミック理論の治療者たちによる実践であった。彼（女）らによって、人間集団のエントロピーおよびホメオスタシス、種を保存に向かわせる原則、家族神話 mythe familial、「選ばれたらってつけの患者」といった諸理論を通じて実践がなされた。エントロピーは熱力学分野で取り扱われた概念であるが、一九八〇年にベイトソン（Bateson）によって「一般システム理論」のなかで展開された。エントロピー理論は、閉じたシステム系における乱雑さ（無秩序）の不可逆的な増大を予測する。この劣化（低質化）を防ぐためには、システムに外部からのエネルギーを供給する必要がある。ヒトのシステムにとって、エネルギーは情報である。情報が減じると、エントロピーが増大して、各々の役割は硬直化する。この観点から見ると、秘密が存在するということは、情報の欠如に該当する。というのも、秘密について、その当人に伝達することが禁じられているからだ。だが、しばしば、その他の数多くの領域を通じて、だんだんと当人に想起させることとなる。秘密はこのように、家族システムにおけるエントロピー増大と、家族機能の硬直化に寄与すると考えられる。

そのうえ、家族のなかで守られた秘密は、決まって、システムを混乱させないようにという企図のもとに置かれる。それは時に、幼い子どもや祖父母といった、集団のなかで最も脆弱なメンバーを惑わせ

（2） I・ボゾルメニュイ・ナジ、G・M・スパーク『見えない忠誠』【10】。〔ナジの理論については、『臨床家のための家族方法リソースブック――総説と文献105』（金剛出版、二〇〇三年）の12を参照〕

ないようにという意図のもとで明白に定式化される。したがって、今日、匿名の精子や卵子提供によって人工授精で生まれた子どもが、自分が生まれた状況について知らされていないことも稀ならずみられる。なぜなら親たちは、子どもが、「それを知ることに到底、耐えられそうもない」祖父母たちに教えてしまうのではないかと懸念するからだ。これは常に、その他の機能が付け加わるとしても、秘密の主たる重要な機能である。残念なことに、システムの安定性を保つための秘密は、急速にそのブレーキとなることがわかる。実際、あらゆる秘密は、その暴露や漏洩に常におびやかされている。したがって、秘密に近づいたり、みつからないようにすべく、諸処の原則や規制が配置されることになる。秘密を据え付けるとは、知の伝達が禁じられるだけではない。そういった禁止を、他人にも遵守するよう強いることを意味する。こうした原則は、システムの平衡——あるいはホメオスタシス——を乱すこととなる。規制が為されると、急速に束縛や強制を増していき、システムはだんだん硬直化するからである。たとえば、祖父の自殺を秘密にしてきた家族では、祖父母のことを尋ねない、質問しない、という不文律が課される。だが、何かあるのではないか、と疑惑を抱かせるような禁止事項は、より全般的な禁止に覆い隠されることとなる。つまり、子どもは、親に何も尋ねたり質問してはならないと、暗黙のうちに認めさせられる。秘密は家族のなかで、より大がかりな伝達の領域における禁止を引き起こす。家族は硬直化し、相互の交流は乏しくなる。並行して、秘密を固く閉ざそうとして、何らかの家族神話が構築されていくのだ。

家族神話とは、家族を構成するメンバー全員によって共有された、各々の役割や関係性の性質に関する体系化された信仰・信条の総体を指す(3)。その神話は、家族が自らに付与しようとするイメージを反映する。たとえば、先に挙げた状況において、神話は、親と子どもの間には決して問題など存在せず、それについて話すまでもないということと関連する。変化に対して最も開かれていない機能を備えた家族とは、厳格な神話のなかに閉じこもるおそれが最も高い家族である。家族の各メンバーにとっては、神話の厳格さが、混沌《カオス》に対する最後の砦のようにうつるのである。変化を混沌の元凶とみなすと、原因を暴こうとする試みを回避しようと、家族全員がひとつにまとまることになる。

やがて、グループのメンバーのひとり――たいていは子どもである――が、理解不能な症状を呈するようになる。すると、家族の注意や関心が子どもに集中して、秘密から目がそらされることになる。これが、「選ばれたうってつけの患者」〔セルジュ・ティスロン『レジリエンス』(白水社文庫クセジュ)一三八頁参照〕である。実際、その者たちの抱える症状は、家族が隠そうとする秘密とつながりがある。症状が、秘密のパラドックスを具現化しているのだ。つまり、それを隠すことが望まれるのだが、同時に、グ

(3) A・J・フェレイラ「家族神話」、P・ワツラヴィック、J・H・ウィークランド『相互作用的視点、MRI(メンタル・リサーチ・インスティテュート)研究論文集(パロ・アルト研究所、一九六五〜七四年)』所収、ニューヨーク、ノートン社、一九七七年、p. 49-55.【25】

ループにとっては二通りの相補的なやり方で、立ち戻り、想起されることがきわめて大切になる。すなわち、家族神話と「選ばれたうってつけの患者」の症状によって。したがって、年長の兄姉が亡くなった後に産まれ、しかもそのことがひた隠しにされていた子どもでは、まったく正常に発育していても、死についての会話に不安の入り混じった興味を示したり、前世に関して一見、妄想的な言動がみられたりすることがある。(4)

秘密をめぐって作業することで、家族調節メカニズムが柔軟かつしなやかなものとなる。システムの諸原則が、家族の各々がそこでの立ち位置について改めて折衝できるよう十分に発展していく。こうした家族との治療作業は、このように、不可避であるとみなされた〔家族メンバーの〕出立や〔家族関係の〕破綻を間接的に促進させる。それまでは家族システムの硬直性のために、そうした変化が絶対的に不可能とされていたのである。

ただ、そうであっても、秘密が家族幻想の原因であって、それに厳密な規律（掟）が伴うと短絡的に考えるのは誤りであろう。システミック・アプローチの視点からみると、これらは相互に循環した因果性のなかに嵌まり込んでいる。秘密は規律を促すが、同様に、規律によって秘密が助長されもする。今度は、その秘密が規律を促し、そしてまた次に助長されていく。秘密や規律、神話、役割といったものは、家族システムを無力化させ続ける悪循環の種々の成因なのである。

II　トラウマの影響

一九六〇年代に、米国のある二人の医師が、収容所体験をした親から生まれた子どもたちのなかに、親たちの収容所での体験と酷似した症状（痩せ〔るいそう〕、不安全感、おびえなど）を呈する者がいるのはなぜなのかと当惑していた[5]。しかも、彼（女）の親たちは、一見したところ、そうした苦境を切り抜けてきたようにみえたからである。親たちは職業や家庭、友人とのつながりももっていた。したがって、それはまるで、かつて親たちが収容所にいた頃に体験したことが、彼（女）らの子どもの頭のなかで生じているかのようであった。それで、こうした親たちは、自らのトラウマをほぼ乗り越えてきたようにみられたことから、無意識の心的内容は、一種の「無意識的な伝達」を通じて、ある世代から次の世代へと移りうるとする考えが生まれたのであった。すでに知られていることだが、こうした考えは、伝統的な信仰に備わる、ある種の運命論と再びつながっていた。もちろん、私たちは「運命」や「宿

(4) G・オスルース「言うことのできない、いくつかのこと」『家族療法』第一巻、第一号、一九八〇年、p. 85-91. (G. Ausloos, « Ces choses qu'on ne peut pas dire... », *Thérapie familiale*, vol. 1, n° 1, 1980, p.85-92)

(5) M・バーグマン、H・ジュクイ『ホロコースト世代』【9】。

命」ではなくて、「無意識」について語っている。それでも、この新しい信念の基底にある考え方は同じであった。それは、親たちも子どもも、それに対して何もできない。ある世代によって体験されたトラウマは、未変化のまま次に続く世代の心に「受け継がれる」のだ。

こうした問いは、ハンガリー出身の二人の精神分析家ニコラ・アブラハムとマリア・トロークらの関心と交わることとなる。彼（女）たちは、一九六〇年代に、ひとつの作業グループをまとめあげた。そこにはアラン・ド・ミジョラ（Alain de Mijolla）やドミニク・ジュアシャン（Dominique Geahchan）らも、当時メンバーとして名を連ねていた。取り入れ、心的包摂化（封入）、クリプト、亡霊《ファントム》といった概念は、紛《まぎ》れもなくアブラハムやトロークらの業績である。それにより、一九七〇年代末になると、精神分析と家族の秘密という概念が出会うことになった。だが、こうした研究は、それ自体が、以下の本質的な問題を改めて取り上げることでもあった。それは、精神分析の黎明期にハンガリーの分析家シャーンドル・フェレンツィ（Sándor Ferenczi）によって問いかけられた、分裂《クリヴァージュ》と、その固有の来歴の適合の失敗をめぐる問題であった。

だが、アブラハムとトロークによる理論化によって、問題の困難さがすべて解決されたと考えてはならない。過去の世代によって体験された惨事の反跳に巻き込まれやすい、いくつかの心的プロセスのなかで、専門家たちは実際のところ言語《ランガージュ》活動にしか関心を示さなかった。さらにまずいことに、アブラハムやトロークらの理論を引き合いに出す際に、「無意識から無意識への伝達」と単純化してしまう誘惑に屈してしまう者もいた。

その当時、無意識という概念は、その謎めいたところや力強さを含んだ独特の雰囲気によって、確かにすべてを説明づけるかにみえた。もはやトラウマが、家族のなかで、他でもない子どもに、どうして影の部分をもたらすのかについて理解する必要もない。もはや自分についてや、前世代の不幸から多少ともすすんで自由になろうとしたり、囚われている部分について自問する必要もないのだ。

こうした研究の戯画化された理解のされ方は、まったくのところシステミック理論主義者による研究の拙速すぎる読み解きの結果として生じて、相当な行き過ぎにいたることとなった。「あなたがそうなったのは、あなたの祖父（祖母）が〜（あれやこれや）をやったからなのですよ」といった説明は、あるタイプの治療者たちの使徒信経《クレド》となった。こうした説明は、理解不能な事実にみせかけの論理《ロジック》を付与した。たとえば、横断歩道を渡っていたのに車に轢かれた人がいたとしよう。事故にあった理不尽さについて、自分の曾祖父母の兄弟に辻馬車に轢かれた者がいたことを知らされると、より受け入れられやすくなる人もいるのである。意味を欠いた出来事が、突如として家族の連続性のなかのひとつの標識として輝きだす。先ほどのような説明は、治さずとも、少なくとも人生の不条理や、つらい状況に伴う罪責感や恥の感覚を減じさせる利点がある。感情は別にして、そこから家族的なつながりが強化されることになる。先祖が子孫を通じて生き続けられることは、むしろ本物の家族であるという証しではないか？

こうしたアプローチは、他から転向したその信奉者たちに、幻想的および対人関係的な恩恵に見合うほどの成功を収めた。創始者たちのなかには、家系や系譜の因果性という理論の牙城に閉じこもる者もいれば、その後の発見にあわせてアプローチを発展させていく者もいた。それだけになおいっそう、重篤なトラウマの犠牲となった家族のなかで生まれ、成長した子どもたちによって、一見、社会生活に十分適応している親たちが、彼（女）らのパーソナリティの、時には狂気にいたらしめるほどの災厄をもたらす側面を、家族のなかに留保していることが明らかにされるのである[6]。

Ⅲ　精神分析における理論的革新

家族の秘密をめぐる精神分析的アプローチは、三つの大きな理論的革新という対価を払うことでしか、なしえなかった。一つ目は、心的生活における前意識の位置づけについて。二つ目は、抑圧とはまったく異なる分裂《クリヴァージュ》の機能と役割について。三つ目は、象徴化の非言語的な諸形態および、それらの世代間伝達における重要性について、である。

1 無意識と前意識

第二次大戦後から数十年にわたり、精神分析的研究は、その大部分が心的生活における無意識の位置づけに向けられてきた。しかし、戦後の研究知見のまま発展していなければ、いかにも次のように考えがちである。何かを隠された子どもは、それを推察して抑圧する。だから、子どもに、周りが隠しておきたかった秘密を見いだせるようにし、その抑圧について作業《ワークスルー》できるようにすれば十分だろうと。だが、物事は決してそんなふうに進んでいかない。ある家族に〈秘密〉が存在すると、そのなかで成長する子どもに重篤な心的葛藤を作り出す。葛藤が生じる（心的な）場所は、前意識である。一方で、子どもは、何も隠していないと周りから言われる。だが、それと同時に、子どもは親たちのしぐさや身振り、ためらいを通じて、まさしく何かが隠匿されていることを察しているのだ。こうして歪曲される諸々のうち、いくつかは親の会話のなかで不意に思いがけず現前化すると、子どもには、ある特有の心的作業が課されることになる。幼い子どもは、相応する相互作用的図式《シェーマ》を内在化させる。だが、もしも、それを行なう際の経験がトラウマ的であると、こうした内在化は、それ自体、分裂した形式でなされる。その子どものパーソナリティの一部は、自分には何ら隠し事はされていない、自分の親は嘘などついていないと確信する。だがその子どもは、同じ契機《モメント》に、秘密を仄めかす症状を発展させてもいる。

（6）J・C・スナイデル、前掲書【47】。

たとえば、ある子どもの父親が詐欺罪で投獄されているが、母親はそれを子どもに隠しているとしよう。すると、子どもは盗みを働くようになる。私たちが理解してきたように、しばしばこうした分裂は症状へといたらしめる。だが、こうした症状は、単なる隠されたことの隠喩《メタファー》ではない。子どもにもたらされる不安全感や罪責感、恥や個人的反応が含まれてもいる。子どもが大きくなると、こうした状況から解き放たれた特性や痕跡を感じ取ることができる。したがって子どもは、理解したいという欲望と、自分に課されていると察知する禁止とに分割される。長らく精神分析を受けてきた者のなかには、いくら受けても、彼（女）らがそれとなく察知していた家族の秘密に、どうしても取り組めない者がいる。それは、まさしく暗黙の家族の禁止という足枷によって説明できる。というのも、それは、彼（女）たちが自分にそうする権利がないと考えているからだ。つまり、彼（女）たちは、自分たちの親に裏切られているのである。

2 抑圧と分裂

家族の秘密というアプローチにおける、精神分析に課せられた二番目の理論的革新は、抑圧と分裂という、人間が備える二つの特有の防衛機制の位置づけに関するものだ。抑圧は、人間の内側から生じる危険——つまり性欲動——から保護するのに対し、分裂は、外側から生じる危機から身を守る。危機とはつまり、パーソナリティに裂け目を入れる危険性を孕んだトラウマのことである。抑圧によって行使される無意識は、罪責化された性的欲望に関するものだ。それに対し、心的包摂化（封入）によって行使される無意識は、トラウマ的な本質を抱えている。一九七〇年代の終わりまで、数多くの精神分析家たちが考察していた唯一の防衛機制は、抑圧であった。ところが、どちらの機制も、さまざまな危険にともに相互的に立ち向かうわけではない。それぞれがまったく違ったふうに作用するのだ。抑圧という防衛機制は、心的に受け入れ難い内容を意識の外に押しやる。抑圧は、それらを、どうにかして自我の境界の外側に押しやる。そこは「無意識」と呼ばれる、未知なるなじみのない場所である。分裂《クリヴァージュ》は、違ったやり方で作用する。この防衛機制は、問題を孕んだ内容を被包化する。それは、ある国または県に、属領を配置するようなものである。パソコンに感染するウィルスにたとえるなら、以下のように考えることもできよう。私たちの抗ウィルスは、ウィルスを除去せずに「（一定期間）隔離する」。ウィルスを無害化するために「被包化」される。言い換えれば、抑圧されたものは無意識であるが、必ずしも無意識的なものすべてに、抑圧が関わるとは限らない。

家族の秘密に戻ろう。すべてとは言わなくとも、その大部分は、まずもってトラウマ的状況に属する。そこには抑圧が必ず介在していると認めたくなるかもしれない。だが、それこそが、子どもを突き動かすものを理解して知ろうとする欲望を抑圧する形態なのだ。性的なことを特権化してトラウマを抑圧するのと同じく、分裂は精神分析家にとって、家族の秘密を理解することを長らく妨げてきた。

3　象徴化とコミュニケーションにおける身体の位置づけ

家族の秘密というアプローチによって課される第三の理論的革新は、象徴化の三タイプの相補的形式を再認識することにある。私たちの心的生活は、実際に絶えず感覚的な所与に従属している。とりわけ、イメージ（想像）されたもの、情緒的・運動的なもの、言語的なものという所与で、そこから三つの相補的な形式の象徴化が生じる。(7)

感覚・情緒・運動性モードでの象徴化には、社会関係の基盤を構成する身体的動作のみならず、しぐさや身振り、叫び声なども含まれる。この形式の象徴化の特徴は、身体に最も近いところにとどまることである。主体は象徴化を生み出すと同時に、それに巻き込まれる。この形式による象徴化の重要性は、「ハンズフリー・キット *kit mains libres*」の曲解された使い方によって示される。この機能は、元々はドライバーが車の運転中に通話できるよう考案されたものである。だが、次第に多くの者が、話しながらでも手を使えるために利用するようになっている。このことは、話しながらする手のしぐさが、対話者とのコミュニケーションというよりも、自分が話している内容の個人的な表出を示している。というのも、この場合、周りから手のしぐさは見えないからだ。また同様に、顔の表出の皺《しわ》を減らすべく顔面筋を麻痺させるのに使用されるトキシンであるボトックス注射が、個々の感情に対する応答性を選択的に減じさせることが示唆された。(8)たとえば、怒りや悲しみを表現する前額部の表情筋にボトックスを注射すると、こうした感情を引き起こすテキストの理解が五〜一〇パーセント減少する。ロ部周囲の筋肉に注射すると、喜びの表出が減じて、楽しい内容のテキスト理解が五〜一〇パーセント減じた。また別の実験では、ボトックス注射が感情の知覚に関与する脳領域の活性を減弱することが示された。こうした結果は、身振りが感情的コミュニケーションを支えるうえで、単なる副次的要素ではないことを示している。身振りの主要な機能は、私たちが考えたり感じたりする内容を表出できるようにしてくれることである。

イメージされた象徴化は、ある出来事の具象的な表象を与える。それは、もちろんメンタルなイメージであるが、しばしば写真や映画といった物質的媒体によって促進される。出来事は、その媒体がなくても、その痕跡を通じて現前する。痕跡とは距離を取った形態《フォルム》であると同時に、イメージによる現前である。

最後の三番目の、**言語モードによる象徴化**は、言葉の使用に相応する。この形式の象徴化は、象徴化された出来事からの二重の距離の取り方を実現させる。一方では、出来事が不在のなかで定式化される

（7）セルジュ・ティスロン、前掲書【50】。
（8）D・ハバス他「美容外科的なボツリヌスAトキシンの使用は、感情的言語プロセシングに影響する」『心理科学誌』、二一号、二〇一〇年、p. 895（D. Havas *et alii*, « Cosmetic Use of Boutulinum Toxin-A Affects Processing of Emotional Language », *Psychological Science*, vol. 21, 2010, p. 895）。

事実によって距離がとられる。他方で、この定式化は、まったく恣意的な形での情報コード化による介入を行なうことになる。つまり、「椅子」という言葉は、〈椅子〉というモノとは、本来何ら関係がない。「キリン」という言葉も、同じ名前をもつ動物〈キリン〉とは何ら関係ないのだ。

この最後の言語モードによる象徴化は、上述した二つの形式に置き換わりはしない。その証拠に、私たちが喪について言葉で象徴化できたとしよう。だからといって、そのことが死者の墓前に、毎年花を供えたり、涙をこぼすことを妨げたりはしはない。私たちは、思い出から距離を取るために言葉を必要とする。だがそれだけではなく、思い出を生き生きとさせる、しぐさやイメージも必要である。象徴化という心的作業に関与するのは、言葉、しぐさ、イメージという三つである。

象徴化のこうした形式は、実際のところ出来事とはそれぞれ異なる距離を置いて構成される、語られた言語活動《ランガージュ》の場合、距離の取り方は最大となる。しぐさの場合は最小となり、言葉としぐさをともに要するイメージの場合は、その中間にくる。言語モードの象徴化が「距離を置く」のに対し、「感覚‐情緒‐運動性」モードの象徴化は「現働化して言う行為化」するといえよう。つまり象徴化とは、「言う行為化」すると同時に「距離を置く」ことに支えられた心的作業である。それは人間が二本足で支えられて歩行するようなものだ。「ものごと」は、その存在を言葉で捉えられると同時に、その現前性を実演されることで、はじめて心的に立ち現われる。まさしく、トラウマ的な状況をある世代が体験して、それを完全に練り上げることができなかったときに、象徴化はうまくいかなくなるのだ。

だからといって、「象徴化されない」ものなど決してない。象徴化が人間の所有する三つの手段——言葉、イメージ、相応する身振りやしぐさの総体——と関連すると、ある世代によって体験された出来事は、それを考慮に入れた物語や記念日、イメージの形をとって、家族のなかに自然と、それにふさわしい場所を見いだす。だが、ある出来事が適切に象徴化されていないと、この三形式のうちのただ一つだけ、たとえば、まったく明瞭に定式化されていない感情や身振りだけでしか象徴化がなされないことがある。それを保持した者は、子どもたちに、自分の秘密の傷を、何らかの象徴化の様相に従って表出することになる。とりわけそれは情緒的および身体的でありながらも、言葉をもって同等のことを示すことができない。このような象徴化の部分的な形態は、私が「〈秘密〉の漏出」と呼んだものを構成する。問題は、「〈秘密〉の漏出」が存在することではない。その表出に居合わせた子どもたちは、それについて何も理解できないまま、そこに居ざるをえない。時には、その帰結としてのトラウマがあまりに早期に生じるため、まったく記憶していないこともある。

それはまさに、一九四〇年から四五年の間に生まれながらも、戦時中は隠されていたユダヤ人の子どもたちをおそった無理解を説明する状況であった[9]。彼（女）たちの多くは、言語を習得する以前に、親

(9) H・オングランデル、A・フォーン『私たちは隠された子どもだった——ショアーの陰の物語』(H. Englander, A. Fohn, *Nous étions des bébés cachés. Récits à l'ombre de la Shoah*, Paris, Fabert, 2016)。

から引き離されていた。最年長の子どもですら、言語活用は、まだ出来事の記憶を構築するほどの能力を伴っていなかった。こうした記憶は、五歳を過ぎないと発達しないことが今日わかっている。このような幼年期を過ごした子どもたちは、彼（女）らの証言を集めようとしたきわめて少数の研究者たちに対して、さまざまな形式の苦悩を語った。だが、戦時中に秘匿された子どもは、自らの苦痛を正確な記憶とつなげることが決してできなかった。

早期の交流する場がより考慮されるようになると、こうした困難さの理由は、子どもたちが被った特殊な教育やしつけの条件と結びつけられた。実際、いつもの慣れ親しんだ顔に、不意に身振りに変化——たとえば不安の増大など——が生じると、既知の安心できる幼児の世界は、突如として破滅に陥る。未知なる不安を引き起こす世界に取って代わられるのである。

後年になって、このような早期のトラウマの唯一の証しとして、極度の孤独の危機や、分離または見捨てられ不安、さらには多彩な身体表出などがみられるようになる。当事者本人が、それらを記憶と結びつけることができないとしても。無口であるが苦悩の表われた大人のもとで幼少期を過ごした者は、語るべき外傷的な思い出を抱えていない。しかし、その人はその後、たとえば、何も語らずにいたい人たちと出会うとつらくなってくる。自分が悪いと感じたのとまったく同じふうに、そういう人たちの反応に対して罪責を感じるのだ。その人は小さい時に、親が不安になったり、悲しむのがわかって、親のそのような反応を自分と関連づけていたのである。

ウィニコットの有名な「破綻恐怖」についてのテキスト〔【57】〕や、それからボウルビィの弟子たちによるアタッチメントの最適モードの複製についての研究が、こうした態度に関する主要な鍵となった。ある重篤なトラウマが、それを痕跡として残すための記憶がまだ十分に構成される以前に生じると、それに伴う心的破滅感の唯一のサインは、そのような破滅が将来起きるのではないかという不安のなかにある。それは拒絶されたり、非難、迫害されたり、烙印をおされるのではないか、などの不安で、どうしてなのか決してわからないが、自分の知らないところで何らかの過ちを犯したという罪責や恥の感覚を常に抱えている。この不安は、家族や友人関係、職業面における備給の安定性をむしばんでいく。ボウルビィは、「不安定型」パーソナリティに言及するとともに、親のなかに垣間みられる悲嘆や不安に対して責任を感じることとの恥や罪責感についても語る。それらは、親の愛の終焉のしるしのように考えてしまいかねない。彼らのこうした初期の研究が、今日、エピジェネティックという新たな生物学分野によって補完されている。

Ⅳ　エピジェネティックス

二〇〇一年九月、世界貿易センタービルへの同時多発テロの発生後に、ニューヨークのマウントサイナイ病院医学部のラシェル・イェフダ（Rachel Yahuda）らの研究チームは、妊婦三十八名の唾液成分を解析し、心的外傷後ストレス（ＰＴＳＤ）症状を呈する妊婦では、コルチゾールと呼ばれるストレスホルモンの基礎量が少ないことを観察した。この状態は、ストレス処理が生理学的に乱れていることを示している。この状態にある人たちは、ささいな出来事には影響を受けにくいが、大きなストレスに対して過剰に反応するという。

その一年後、イェフダ教授らは、テロの影響を受けた母親の乳幼児の唾液を解析し、ＰＴＳＤ症状を呈する者の子どもたちもまた、コルチゾール濃度が乱れていることを発見した。同様の事象は、カタストロフを体験したがトラウマにはなっていない女性の子どもたちではまったく観察されなかったという。このことは、どのように説明できるのだろうか？　実際、子どもたちは、育ち（教育）による影響をほとんど受けなかったという。

二〇一〇年から一二年にかけて、同じ研究チームは、ショアー〔ホロコースト〕の生き残りの子孫九十五名を被験者として集め、唾液中のコルチゾール含有量とＤＮＡ研究とをあわせて解析してみた。[10]その結果、コルチゾール受容体の合成をコードしたＧＲ－１Ｆ遺伝子が、メチル化集団の存在によって抑制されることが示された。これが、「エピジェネティック・マーカー」と呼ばれるものだ。ある生化学的マーカーが、ＤＮＡの一部分に修飾されると、その遺伝子の性質を変えることなく発現を阻害する。

こうした結果が出ても、原因となるエピジェネティック・マーカーが生物学的に受け継がれるのか、それともトラウマを受けた親の教育態度やしつけに起因するのかは、わからない。だが動物研究による別の実験からは、それらが生物学的に受け継がれることが示唆された[11]。人間における、氏《うじ》か育ちか（遺伝か学習か）という二つの伝達の仕方の相違を明確にすることは困難であり、実践的な意義も乏しい。反対に確かなことは、こうしたエピジェネティックによる刻印が不変ではないということだ。心理（精神）療法の助けによって、この生物学的マーカーは、症状と同時に消失しうる。

　こうした研究は、ある世代によって表出された症状を考慮する際に、それ以前の世代の社会的現実をも考慮に入れることの大切さを確証する。とりわけ、迫害やジェノサイドによって刻印された家族の歴史を抱えている場合はそうである。トラウマを受けた両親から生まれた子どもにとって、実際こうした状況を認識することで、自分の肉体に刻印された不調感に対して、もっと意味を与えやすくなる。加えて、その帰結として受ける恩恵は、未来の世代にとって、より有益となる。なぜなら、それが、トラウ

（10）Ｒ・イェフダ他『ＦＫＢＰ５メチル化へのホロコースト暴露が誘発する世代間の影響』（R. Yehuda *et alii*, « Holocaust Exposure Induced Intergenerational Effects on *FKBP5* Methylation », *Biological Psychiatry*, vol. 80, issu 5, 1er septembre 2016, p.372-380）。

（11）Ｅ・キャラウェイ「恐怖記憶はマウスの子孫につきまとう」『ネイチャー誌』、二〇一三年十二月一日（E. Callaway, « Fearful memories haunt mouse descendant », *Nature*, 1er decembre 2013）。

マを受けた両親の子どもを、その次の世代に向けた、明確なトラウマ的な家族の物語の渡し守にさせるからだ。この作業は、したがってトラウマを受けた当事者だけでなく、彼(女)たちの子孫の世代のレジリエンス能力の大きな要素となる。各々の記憶は、みんなのレジリエンスの本質的な要素としての重きをなすことになる。

V 社会的現実の認識

さて、家族の秘密に取り組むべく治療者に課せられた最後の理論的革新は、社会的現実の立ち位置に関するものである。家族の秘密は、つねに二つの入り口がある。片方の入り口は、誰かがあるとき体験したトラウマへと向かう。もう一方は、社会が(家族の秘密に)まつわるカタストロフや嘘をどのように扱うかという点に向かう。実際に数多くの政府(政権)が、歴史の重篤な出来事について沈黙し、さらには公的な嘘(欺瞞)を強いる法律を制定する。これは、第二次大戦後にポーランドで生じたことである[12]。

一九三九年、ポーランドは西部の国境をドイツ軍に侵攻されると同時に、東部ではロシア軍から攻め込まれた。ロシア軍は、モスクワ西部から四百キロメートル離れたカチンの森で、ポーランド将校を虐殺して秘密裡に埋めたのだ。しかし、一九四三年の春にドイツ軍がロシア国境に入って、その遺体置場を発見すると、彼らはそれを自国のプロパガンダ政策のために利用した。その後、勝者の陣営が交代する。すると、勝ったロシア軍は、立場をひっくり返して、自分たちこそがポーランド国民の解放者であるかのように振る舞った。彼らは再び遺体を掘り返すと、モスクワに進攻した当時のドイツ軍に、大量虐殺の責任をなすりつけた。それを信ずることを拒否したポーランド人は脅され、投獄や流刑または死罪にされた。一九四〇年に起きたロシア軍によるポーランド将校たちの処刑について語ることは禁じられる。将校たちは一九四二年にナチスによって虐殺されたのだと言わなければならなかった。

こうした秘密は、まさしく家族の秘密という論理《ロジック》に厳密に従う。だが、これは一民族（国民）の尺度である。どちらの場合でも、重大なことは何かが隠されていることではなく、そのように考えること自体が禁じられているということだ。「公式バージョン」こそが、真実なのである。

しかし、ある国民・民族が、こうした集合的な秘密によって刻印されながらも、自分たちの正気や明晰さ、教育や好奇心といった諸価値を、いかにして保持しうるのだろうか？ 危険なのは、順応主義が

(12) 映画監督アンドレイ・ワルダ（Andrzej Wajda）の作品『カチンの森 *Katyn*』（二〇〇七年）は、その事実を語っている。この映画についての私の最初の形の考察は、雑誌『脳とこころ *Cerveau et Psycho*』第三十七号、二〇一〇年一、二月号に掲載されている。

巨大な規模で展開されていくことだ。こうした子どもたちに墓石を示すために墓地に連れていけるように作成された映像が残されている。そこでは、日付が偽造されていたのだが、家族の誰も、そのことを語る権利をもっていなかった。ロシア軍はそのようにして、ポーランド国民にとって偉大な友軍だとみなされたが、多くの家族は、ロシア軍の犯した罪ゆえに悲しみに打ち沈んでいた。こうした状況——概して〈秘密〉をもつ家族のなかで——成長する者は、その犠牲者というだけではない。彼（女）たちは、たちまち、その共犯者となる。そうするのは、秘密について語ることを過小評価しているのではない。その弊害を低く見積もっているのではなく、むしろその逆である。実際、被害者たちを現実の歪曲に関わらせようと仕向けるのは、まさしく加害者の影響力である。

この秘密という文化は、服従や従順さを強固にする。何をどう考えたらよいのかわからない者ほど、都合よく服従する者はいない。その者たちは順応主義を助長していく。すると今度は、各々が嘘で塗り固めていくという際限のない悪循環に陥る。秘密という文化は、実のところ、順応主義が成し遂げた日常的な暴力や卑劣さについて、それについて自己非難しつつも、周りの近しい者や次の世代には気づかないままでいられると信じられる。国民の大多数が、ある種の異様な状態におかれ、そのなかでは行為や沈黙の射程が、もはや明確には尊重されなくなる。順応すべく言動に気をつけるうちに、己の身の程を知って互いに監視し合うようになる。知られないよう、気づかれないようにすること。周りにあまり理解されることのないよう、人生が面倒なことにならないように、できるだけ早く忘れ去られるべく、理解していないふりをする。こうしたやり方は、全体主義の体制である。率先して行動する精神や功を成し遂げたい欲望は、明らかに弊害を被る。影響を受けないのは、支配政党の決定機関のなかでキャリアを積む決意をした者ぐらいである。それは、よりいっそうの順応主義者となる代償を払ってではあるのだが。秘密が過去の出来事にしか及ばないとしても、それらはすでに重荷である。だが、独裁者の本性は、そこに新たなものを絶えず創設する。それは、近親者や指導者、幹部たちの謎めいた失踪だとか、多くの人たちがそれは間違っていると薄々感じていても、それを信じ続けることを強いられている公式の「真実」などである。

したがって、変化とは、明晰さを保持しようと試みる少数派《マイノリティ》からしか生じない。その一方で、多数派《マジョリティ》は、悪夢から逃れようとする独裁や専制から生じる。独裁者は、どうすれば長期にわたって力を維持できるかを自問するうちに、最終的には利益や関心と相反するシステムにしがみつくことになる。残念ながら、独裁から解放するだけでは不十分なのだ。多くの者は、独裁下でそうしなければならなかったかの如く、物事を考え、感じ続けるのである。

最後に、秘密の文化は、国家でも個人のレベルでも、個々にそれぞれの秘密を作り出すことを促す。今日、ポーランド国民にとって、彼らがユダヤ人に対して犯した大量虐殺の事実を認めることは長らく大きな困難を伴ってきたこととされている。この困難さは、実際のところ耐え難く、重くのしかかるものだ。だが、カチンの森の大虐殺を鑑みれば、このことも改めて、本来の歴史のなかに置き直す必要がある。四十年近くの間、ポーランドは、自国の軍将校幹部たちの大虐殺に向き合わず、その責任を認めてこなかった国家によって支配されていたのである。こうした国で、ユダヤ人虐殺が一九八九年以降から認識され始めたのは偶然ではない。それは、ソビエト連邦による支配の終焉と、各国家の民主化独立に伴う動きであった。カチンの森の虐殺という記憶が、ポーランド国民の脳裏に浮かぶようになってはじめて、人々はユダヤ人虐殺を認識し始められるようになったのである。

秘密の解除に関与する者は誰もが、そこにある、また別の秘密をも取り除くことができる。だが、複数の秘密の間で〔どちらが重大か、取り除い方がよいかなどと〕競合させてはならない。ましてや、犠牲者同士を競わせるなど、もっての外である。専制や独裁の歴史は、そうした体制が生き残るために必要となる秘密が、死の輪舞《ロンド》のなかで掌握されていることを示している。そこに一片の真実が現われるようにするためには、いたるところで可能な限り、秘密の沈黙を打ち破っていくしかないだろう。

第五章　クリプトと心的亡霊《ファントム》――いくつかの社会的歴史

自然災害、公害、公衆衛生上のカタストロフなど、あらゆる集合的トラウマは〈秘密〉を生じさせうる。戦争や集団大虐殺《ジェノサイド》といった形の社会的動乱も、そうである。こうした状況を体験した者たちは、しばしば自らの過去について語りはしない。だが、こうした見かけ上の静けさの裏で、彼（女）たちは心が引き裂かれ、苦しんでいる。一方では、「さよならを言う」時間もないまま[1]、近しくなった人たちのことを知りたいという欲望に焦がれている。だが他方で、むごたらしい死の詳細を明るみに出すことは、想像するだけでも不安を伴い、それについて何としても考えさせないようにする。したがって、彼

（1）クロディーヌ・ベッグの表現に基づく。『私は彼にさよならと言わなかった――収容所に送られた子どもは語る』（一九七九年）、ブルノ・ベッテルハイムのあとがき、パリ、ガリマール社、〈フォリオ〉、一九九六年。（Claudine Vegh, *Je ne lui ai pas dit au revoir. Des enfants de déportés parlent* (1979), postface de Bruno Bettelhein, Paris, Gallimard, « Folio », 1996.）

〔女〕たちは悪夢をみたり、自分が死者を助けに行くといった驚くような計画を夢想したり、アニバーサリー反応といってカタストロフの起きた日がくるたびに、殊に、近しい人が亡くなった年齢にその人が達したことを契機に、身体症状や抑うつを呈したりする。

だが、すべての自然・社会的カタストロフが〈秘密〉を生じさせうる、と言うだけでは不十分である。あらゆる〈秘密〉には、その原因が何であれ、社会組織や文化が包含されている。一九八〇年代のフランスには、ある社会的神話が存在していた。それは、解雇された被雇用者や労働者たちの背後に、素行不良の職人や怠惰な休職者の姿が思い描かれることである。だが実際は、今もなおだが、しばしばだいぶ違っていた。たとえば、ロベール・ヌーブルジェ〔精神分析的家族療法、カップルセラピーの専門家〕は、ある企業が競争相手を排除するだけの目的で、その会社を買収するやり方について述べている。「この場合、最初に解雇された者は、最も有能であった管理職たちであった。なぜなら、それまでの組織の歯車を壊すことが重要であるからだ。管理職が会社に忠実であるほど、その者たちは自らのアイデンティティの支えとなる帰属グループとしての社会に信頼を置いていた。だからこそ、〔その者たちが〕最初の解雇者になる可能性が生じたのである[2]」。

殊に、何らかのモラル・ハラスメントのせいで仕事を辞めさせられたとき、こうした状況にみなぎる孤独感と不公平感は、自殺を危惧させる。そのような状況に陥っていた者は、そのことを自分の家族に説明することが明らかに困難であった。なぜなら、当時はまだ「ハラスメント」という言葉も日常用語になっていなかったからだ。とりわけ、子どもの成績不振・学業の失敗に関する影響は、稀ならずみられる（既述、第一章）。実際、すべての〈秘密〉には二つの入り口がある。ひとつは、各々の心的親密性の傍らにあって、個人的な諸表象と来歴に印づけられる。もうひとつの入り口は、社会組織の近傍にあって、いわば社会とつながる窓口なのだ。

I　亡霊《ファントム》の遍在

死者の精神《エスプリ》（霊魂）が生者の世界に現われるという考えは、あらゆる文化のなかに見受けられる。それはケルトやギリシア・ラテン、キリスト教文化などの民間伝承のなかに、また今日では、東洋の国でもみられる。死者の魂は、いったん肉体から離れても地上にとどまる（あるいは蘇える）。こうした状況は、死がまだ早かったり、事故のためであったりし、死ぬことがおかしいとみなされるときに生じる。それだけでなく、社会組織によって取り切られた喪の儀礼がきちんとなされないようなときにも

（2）ロベール・ヌーブルジェ『家族神話』、パリ、ESF、一九九五年（R. Neuburger, *Le Mythe familial*, Paris, ESF Editeur, 1995）。

生じうる。たとえば、故人の肉体が、慣習に従って埋葬されなかったような場合である。だが、それはまた死者たちが、深い苦痛や激しい怒りを残したままに逝った場合や、災いをもたらす行為や口に出せない業《ごう》を犯した場合もそうである。(3)

中世のフランスでは、文字通りに言うと、幽霊《レブナント》と亡霊《ファントム》とは区別されていた。幽霊は、埋葬された後すぐに、その人のことを知っている人の前に現われる。だから、その幽霊は、すぐにその人であると識別される。恥ずべき共謀や罪ある示し合わせや、その他、口に出せないあらゆる形の密約といった状況から、死者が幽霊となって、当人よりも生き長らえている人たちのもとへと回帰するのだ。亡霊の場合は、それが差し向けられる生者との間に直接的なつながりを持たない死者に該当する。そういうわけで、幽霊は認識されているのに対して、亡霊のほうは自ら名乗り出ることとなる。

中世図像学のなかで、幽霊と亡霊との相違は明確に表わされる。幽霊は、その者の生前の特徴を伴って表現される。そして、靴を履いているはずなのに裸足であるといった、いくつかのディテールによって、それがまさしく実際の死者であることを示している。これに対して、亡霊は、長いこと埋葬されていた死者に照合するため、腐敗した肉体は、もはや当人だと見分けがつかない。(4) 亡霊はシーツで覆われて出現して、その縁はわずかに透き通っている。幽霊の濃密さは、したがって亡霊の儚さと対置される。こうした対比は、今日でも見受けられる。旅行客の宿泊部屋に出没するスコットランドの亡霊は、その者たちにとってはまったく知らない赤の他人である。ハリー・ポッターとその仲間たちが寄宿生活を送る有名なホグワーツ城でも同じことだ。しばしば、こうした亡霊の非時間的特徴は、それが亡霊であると識別できるよう、表現される図像のなかにすら宿されている。「ハリー・ポッターの冒険」シリーズでも、そうなっている。

こうした伝統的な「幽霊」と「亡霊」の区別は、現在でも心理学領域において見受けられる。しかし、中世以降、文化は移り変わってきた。幽霊も亡霊も、もはや私たちの眼前に現われ出ることはないが、いまだ頭から離れない思考形式や反復夢の形で、私たちの心の内面をかき乱す。つまり、それらは「内在化」されているのだ。もはや生者の忘却しようとする意志に抗って、わざわざ家に取り憑いて出没する死者ではない。故人についての苦痛を伴う思い出は、つねに、その人よりも長く生きる者たちとともにある。敢えて言うなら、死者が生者にのしかかるというより、生者が死者を蘇らせたいと願っているのだ。最もよくある理由としては、生者が死者の赦《ゆる》しを得て、和解するためである。

精神分析家のニコラ・アブラハムは、打ち明けられない〈秘密〉によって、去った者（死者）と決して繋がることができずにいる状況を「クリプト」という言葉で表わし、〈秘密〉が次の世代に及ぼす無

（3）C・ルクトゥー『中世の亡霊《ファントム》と幽霊《レブナント》』、パリ、イマーゴ、一九八六年（C. Lecouteux, *Fantômes et revenants au Moyen Âge*, Paris, Imago, 1986）。

（4）J・C・シュミット『中世社会における幽霊、生者と死者について』【44】。

意識的な弊害を「心的亡霊《ファントム》」と表現することを提唱した。

Ⅱ　クリプト（地下納骨堂）と亡霊《ファントム》

「クリプト」や「亡霊《ファントム》」といった言葉は、想像力を刺激するために数多くの誤解を生んできた。伝説上の聖人たちの亡霊が、白いシーツや鎖を伴ってクリプトに出没するわけなので、私たちの心的クリプトにすまう亡霊もまた、同じように取り憑くものと考える人たちもいた。しかるに、ニコラ・アブラハムとマリア・トロークのアプローチでは、心的「亡霊」が「クリプト」のなかに見いだされることは決してない。それは実際のところ、ある世代でのクリプトの存在が、次の世代での亡霊の原因になるということなのだ。その反対に、クリプトを抱える親から生まれた子どもは、しばしば、親のクリプトによる影響と関連した亡霊と同時に、個人的に被ってきた虐げられた状況に関連した個人的クリプトにも苦しむことになる。

まずはクリプトの定義から始めよう。誰かに自分の体験したことを話すうちに、少しずつ、その体験になじんでいくようになる。実際に、出来事が重篤であったとき、最初は言葉をみつけることが難しくて、流涙、怒り、恥といった感情が、常に表出される。しかし、惨事《ドラマ》を体験した人たちが、話すうちに、それに対する言葉を見いだすようになると、言葉は、その体験を和らげる効力をもつ。それと同時に、言葉は感情に対して秩序をもたらすようになり、もはや感情に飲み込まれることはない。しかし、私たちは、時に取り入れの心的作業が阻害されて、一種の部分的・局所的な分裂《クリヴァージュ》の創出にいたることをすでにみてきている（既述、第一章参照）。それでも、包摂化（封入）の保持者は、自分の秘密の傷を、いつか共有できるのでは、という期待を抱いている。つまり心的包摂化には、ノスタルジックな地平に向けた取り入れがある。そして、もしも、それが誰かと一緒に共有された状況のなかで構成されるならば、その誰かとは、解放してくれるような交流がつねに期待される特別な対話者であり続ける。その人がいなくなってしまうと、それはひとつの惨事《ドラマ》となる。残された者は、象徴化のパートナーを失うことになる。来るべき不確かな仮説上の取り入れを暫定的に待っているうちに包摂化（封入）が決定的となる。ニコラ・アブラハムは、こうした状況を「クリプト」と呼ぶことを提唱した。

心的亡霊という表現に関して言うと、それは、このクリプトの——したがって、他者の打ち明けられない〈秘密〉の——（子どもを始めとする）近しい周りの者たちへの影響を表わす。[5] クロード・ナシャンは、このクリプトの定義を、たとえ打ち明けられない〈秘密〉がなくとも、喪がなされなかった

（5）ニコラ・アブラハム、マリア・トローク、前掲書【1】。

り、トラウマを乗り越えられなかった状況にまで拡大されると提唱している。数年経つと、喪や練り上げ不良のトラウマと関連した情緒的・行動上の表出が、実際に、近しい者たちにとっては理解不能なものとなる。そして、しばしば当事者本人には、本書ですでに「漏出」という名のもとで言及したような影響が生じる。すべての場合で、亡霊は「伝わって」いくのではない。それはまた、親の〈秘密〉によって子どもの心にもたらされる影でもない。亡霊とは、子どもの不安がしばしばもたらした、いくつかの質問と応答を通じて自ら作り出す内的構築物なのだ。それは、数世代にわたる影響を表わすために私たちが〈秘密〉の「反跳」と名付けたものの結果である。その表出は、夜の夢や白昼の夢想、日常的な行動に取りつくことになる。

アラン・デ・ミジョラは、単純な包摂（封入）とクリプト、心的ファンタスムの力学を同時に考慮に入れるべく、「同一化のファンタスム」という概念を提唱した。ミジョラにとって他者とは、既知・未知に関わらず、それ自体が「おせっかい」で「構造化を促す」、「異質」なものとなりえる。同一化のファンタスムは、もしも個人がそれに囚われることなく柔軟に作動することができるならば、心的構造化に役立つことだろう。だがそれには、周りの者、つまりは家族や社会が、個人の存在を受け入れることが前提となる。

III　クリプトの沈黙

クリプトや亡霊は、時に、その目覚ましい特徴から、映画製作者たちにインスピレーションを与えてきた。例を挙げると、アルフレッド・ヒッチコックは、映画『サイコ』のなかで、ほぼ字義どおりにクリプトを描写している。アンソニー・パーキンス演じる主人公は、いわば彼の立場にたてば、自分が魅せられた若い女性たちを殺害するために、死んだ母親の衣服を身にまとう。精神病（サイコ）という重い病気は、実際にこうしたパーソナリティの極端な分裂〔原語 dissociation は英語圏では解離と訳される〕を生じる。日常生活上では無論のこと、パーソナリティはさほど目立たない。問題となるのは、たとえば、故人が遺した言葉を語るときや、束の間でも亡き人の話すイントネーションや身振り、怒りの態度を取り入れたり、気づかないうちに、その人とまったく同じような服装や恰好をするときである。

こうした行動が、倒錯を示唆するような奇妙な立ち居振る舞いをとることがある。次に示すのは、幼少期に妹を亡くした思春期のある少年のケースである。この少年は、妹がもしまだ生きていたら、その年頃になって必要としたであろう女性用下着を盗む癖《くせ》があった。(6) この兄は、妹への愛情を秘密裡に抱い

（6）前掲書。

ていた。それを当時は、一見、倒錯的な行動という形で表現していたのである。少年にとって、妹への気持ちを生き生きとしたままにしておくには、それを自ら表現し、彼女の代わりに自らの身体を通じて行動するより他に方法がなかったのである。

けれども、クリプトが常に苦痛とつながっているとは限らない。それはまた、共有された享楽とも関連する。特にそれが、秘密と相反するようなときに。それは、映画『ブロークバック・マウンテンの秘密』[7]のなかで演じられたことだ。映画のなかで、昔、恋人関係にあったうちの片方は、自分たちの同性愛の〈秘密〉を抱えたまま、ひとりさびしく住んでいた。

最後に、時には、ある人のなかの亡霊の存在によって、他者のクリプトの存在が示されることがある。このことは、精神科医クロード・ナシャン（Claude Nachin）が語る物語――ある患者の来歴が意味するところだ[8]。

その物語は、一九四〇年代のフランスから始まる。当時、非合法の妊娠中絶の年間件数は五十万から百万件であった。中絶手術の多くは劣悪な衛生状況のなかで行なわれ、時には、生育力のあるはずの胎児に対してなされたこともあった。あるとき、厳格なしきたりをもつ家庭で育ったある若い女性が、愛する若者との間で子どもを妊娠した。しかし、両親から「身分不相応」を理由に、結婚の反対に突き当たった。絶望して、この状況からどのように逃れてよいのか皆目わからず、彼女は母親と共謀して出産し、それから乳児を近くの川に投げ捨ててしまった。その後、この女性は別の男性と結婚して、子どもを出産したが、この乳児は、母体との血液型不適合により生後数日で死んでしまった。数年後、この女性は、子宮癌を患って死んでしまう。死の間際、彼女は「魚たちと睡蓮のなかで眠りたい」と切望した。この女性は、自分の嬰児殺しについての〈秘密〉をめぐる言葉にできないクリプトに取り憑かれて、このように喪の作業を決してなしえなかった自分の産んだ最初の乳児と再び一緒になりたいという欲望を表出したのである。

医師クロード・ナシャンのもとを訪れたのは、この女性の妹であった。この妹は、人生ではじめて、家族のこの劇的事件を、ある家庭医に話すことができた。この家庭医は、実際、抑うつで臥したこの女性のもとに救急で呼ばれると、彼女の心を生涯にわたって揺さぶってきたことを教えてもらおうと長いこと粘った。彼女は、自分の姉の〈秘密〉について仄めかした。話すことで、彼女はほっとすると同時に、家族を裏切ったような後ろめたさを感じてもいた。彼女が精神療法家でもあるナシャン医師に話をしようと決意したのは、救急診療でのこの出来事を通じてであった。それは長期的な精神療法となり、その治療経過を通じて、少しずつ、この患者の隠された欲望が浮かび上がっていった。精神療法家を、

(7) アン・リー監督『*Brokeback Mountain*』、二〇〇五年（邦題『ブロークバック・マウンテン』、二〇〇六年）。
(8) クロード・ナシャン『魂のファントム』【41】。

患者の欲望の突破口にいざなったのは、彼女の語る「鮫《サメ》（requin）の夢」であった。この女性の夢のなかでは、一匹の鮫が、子どもの片腕にかみついていた。彼女はそれに対して、その子どもの死を親たちに宣告するまで、何とかして子どもを助けようとしていた。この夢は、明らかに、かつて家族に生じた惨事を反映していた。「レカン *requin*」という言葉からは、「レクイエム *requiem*」、言い換えると「死者のミサ」と同時に小さな「カン・カン quin-quin」をも連想させる。後者の言葉は、彼女の地域の俗語で「小さな子ども」を想起させる。

したがって、死んだ姉のクリプトは、鮫の亡霊と照合して、この女性に夜な夜な取りつくこととなる。クロード・ナシャンは、その少なからぬ影響を彼女の日々の生活のなか見いだしている。たとえば、この女性が自分の伴侶を選ぶとき、その男性の職業は「カン *quin*」という音節を含んでいた。彼女の地方の方言で「キァン *quien*」と呼ばれる犬種への愛情、名前に「カン quin」が含まれた物品をこっそりと盗みたがる傾向、などである。

けれども、一見、まったく私的な話にみえるこうした状況に、どのような社会的な入り口があるのかにふれずして、この話を締め括ることはできない。嬰児殺しが生じていた時代、この女性が育ったような家族では、何としても体面を、つまり、いかなる犠牲を払ってでも、カトリック教徒にふさわしい家庭にみられることを重視しなければならなかった。この女性の父親が、後年、嬰児殺しの出来事についてまったく何も知らなかったと言明しても、おそらくはうっすらと気づいていたのであろう。この一見、異様な一家庭に生じたと思われる状況は、同等に社会的な出来事としても考慮しなければならない。つまり、このことは、文化的な委細顛末をも考慮に入れる必要があるということだ。

Ⅳ　エルジェに取り憑いた亡霊《ファントム》

漫画『タンタンの冒険』の作者エルジェ（Hergé）は、深刻な秘密が漂う家族のなかで生まれ育った。問題とされるのは、作者の父親の出自のことであった。十九世紀の末、エルジェの祖母にあたるマリー・ドヴィーニュは、実は、アレクシスとレオンという名の双子の婚外子を産んでいた。二人の男の子、つまりエルジェの父親と叔父は、したがって、幼い頃は未婚の母親の姓を名乗っていた。実の父親の名前は彼らには知らされていなかったようだ。この状況はひどく不名誉なものであったが、不思議なことに、双子の男の子たちは、ある伯爵夫人の寵愛をうけ、彼らが成長するまで、つまり当時は十四歳まで、洋服や学費などを援助してもらっていたようである。この双子が十一歳になったとき、公爵夫人によって取り計らわれた、〔母親と〕ある労働者との奇妙な戸籍《マリアージュ・ブラン》の上だけの結婚によって、「レミ」という名字を名乗ることが許された。のちに、アレクシスの長子であったジョルジュ・レミは、エルジェというペンネームで漫画家となった。その後については、『タンタンの冒険』の世界的成功をみればおわかりだろう。だが、私がタンタン・シリーズを読み込んで、エルジェの秘密を発見するまで、漫画の作者が創造した数々の作中の登場人物たちが、エルジェの家族の歴史におけるさまざまな人物たちとどれほど照合しているかについて誰も気がつかなかったのだ。

まずはじめに、漫画のなかのカスタフィオーレ夫人は、秘密を監視（擁護）する女性である。この夫人は、エルジェの祖母と同時に著名な伯爵夫人を表わしている。実際どちらにも作者は一度も会っていないので、家族の話を通じて作者が想像した女性像である。実際、カスタフィオーレ夫人は二重のアイデンティティをもつ人物である。一方では、彼女は偉大な女性かつ歌姫であり、子どもが想像するような伯爵夫人のイメージに近い。だが他方で、彼女は、グノーのオペラ『ファウスト』におけるヒロインのマルグリットでもある。グノーのオペラのなかで、マルグリットは中流階級の女性であるが、自分よりも社会階級がずっと上の男性に恋い焦がれる。まさしく、エルジェが祖母に同じことが起きたのではないかと想像できるように。だが、対比するのはこれだけにとどまらない。ファウストの誘惑を受け入れて、マルグリットは婚外子として身ごもるのだ。マルグリットは誘惑され、妊娠して、捨てられる。これはまさに、マリー・ドゥヴィーニュの運命ではないだろうか？　エルジェは、グノーのオペラを見いだすうちに、このマルグリットという女性像を援用したであろうことが理解できる。エルジェは、自分にはほとんど知らされていなかった祖母をめぐって自分の秘密の夢を収集することもできた。そしてまた、カスタフィオーレ夫人の二重性によって、いかにしてエルジェがひとりの人物像に、同じ一つの秘密（それは、元はアレクシスとレオンという双子から生じた）と間違いなく関わる二人の女性を具象化することが可能となったことも理解できる。

カスタフィオーレ夫人、またの名をマルグリットによって具象化した秘密の第一世代の後に、第二世代の秘密が双子のデュポン（Dupondt）によって具象化する。自分たちの父親のアイデンティティがどんなであったのかを常に自問せざるを得なかったはずだが、決して見いだせなかったアレクシスとレオンのように、双子のデュポン氏もまた真実をみつけることを望むも、決してそれに到達しない。そして、エルジェはここでもまた、当惑させるような巡り合わせを創造する。まずは、この双子の名前であるが、同じ名前の発音でも、片方のデュポン（Dupond）氏の末尾はd、もう片方はDupontで末尾はtと、それぞれ綴る。では、彼らがもし双子の兄弟であるなら、父親の名字はアルファベットで何と綴るのであろう？　いずれのデュポン（Dupond または Dupont）で呼ばれるのだろうか？　この綴りの通り、双子のデュポン（Dupondt）には、父親が二人いるのだろうか？　そう、アレクシスとレオンのように！　二人のデュポン（Dupondt）の名前のスペル上の言葉遊びは、エルジェによる「二人の父」と

（9）この秘密は、数年後に実施された家系図研究によって確認されている（以下を参照、*Tintin et le secret d'Hergé*, Paris, Hors Collection, 1993.〔邦訳『タンタンとエルジェの秘密』青山勝、中村史子訳、人文書院、二〇〇五年〕）。

いう秘密が演出されるひとつの形式なのである。二人の父とは、秘密の生みの親と、アレクシスとレオンが十一歳の時に彼らを認知したあの労働者である。

最後に、タンタンと、ハドック船長、トゥルヌソルは、エルジェの——そしてまたすべての子どもの——パーソナリティの三つの相補的な側面である。子どもたちは、親のどちらかが抱える言葉に尽くせない苦痛を伴う秘密と、どうにかして折り合いをつけていかねばならない。タンタンは、すべての謎を解明しようと夢中になる。ハドック船長は、絶望して酒におぼれる。トゥルヌソルは、難聴と仕事の孤独のなかにあって自分の世界に閉じこもる。

したがって、エルジェの作品では、父親の出自の秘密をめぐって、作者に取りつくすべての問いや仮説、幼児性が「クリプト化」され、編み込まれている。エルジェの絵が常に生き生きとしているだけでなく、作品を通じて、この悲痛な歴史におけるさまざまな人物像が折りなされている。そして、それがゆえに『タンタンの冒険』シリーズは、わくわくする内容となっている。これらは、クリプト化された作品なのだ。何度読み返しても、常に、何かが私たちから逃れていくような気にさせる。それによって、私たちはそこにまた立ち戻っていくのである。

V　ナチズムの亡霊《ファントム》

数多くの亡霊《ファントム》は、その国全体をおそったカタストロフとつながりがある。そのうちのひとつが、ミヒャエル・ハネケ（Mickael Haneke）監督による映画『ベニーズ・ビデオ *Benny's Video*』(10)である。その冒頭では、ある葬儀のシーンから始まる。一九六〇年代のドイツで、ひとりの老人が亡くなった。その老人が墓場にまで持っていった数々の秘密について、決して私たちには知らされない。それとは反対に、戦後生まれのドイツの子どもたちは、ある逆説的状況に直面させられてきたことが知られている。一方では、学校のなかで、社会主義国家の蛮行を非難するようなフィルムや写真を——時には吐き気をもよおすほどに！——見せられてきた。だが他方で、しばしば両親や祖父母たちは、子どもたちにそれについて語ることを拒んできた。彼（女）らは、その時期にやってきたことについて完全な沈黙を守ってきた。それは、ひどく非人間的な政府のなすがままにしてきたことへの恥と罪悪感からであるが、それはまた、大部分の者たちにとって、そうした政府に最後まで献身的に協力してきたからであった。ハ

(10)『ベニーズ・ビデオ *Benny's Video*』、オーストリア映画、一九九二年。

ネケが生まれ育ったオーストリアでは、事態はもっと深刻であった。自国の公式見解では、常にドイツによるオーストリア併合の犠牲国とみなされていた。国民投票によってドイツへの併合が決まったにもかかわらず、である。

ハネケの映画に戻ろう。死んだ老人の孫は、祖父の身に起きたことについて、おそらくはまったく何も知らない。しかし、その少年は、ある映像に絶えず取りつかれ魅了されている。それはとある田舎で、豚の頭部に銃弾を撃ち込んで屠殺《とさつ》する映像であった。その少年は、父親が撮影していた屠殺の場面にいて、彼はそれを繰り返し部屋で鑑賞していた。映画では、それから屠殺用の銃が無くなったことがわかる。両親は、週末になると息子を家にひとりでおいて出かけてしまっていた。彼は、街で知り合った少女を自宅に招く。それから、父親からこっそり盗み出していた銃を取り出すと、少女の手に渡して、銃の引き金を引くように求める。ナチス党員たちは、こうして多数の市民たちに手をかけてきたのではないか？　少年の祖父も、同じことをしたのではないか？　沈黙が、最悪の事態を想像させていく。そして、子どもたちの興味本位の脆さは、時に、当人たちがそれについて語る権利をもたなくとも、想像したことを実演させることになる。もちろん、少女は引き金を引くことを拒絶する。少年はそこで、銃を取り、彼女を撃ち殺してしまう。このとき、少女の死体を前にして、その少年は自殺することもできたはずである。だが、物語＝歴史《イストワール》によって書かれたシナリオには、人が他人を冷酷に、後悔もなく撃ち殺すことが含意されている。

おそらく祖父の自殺が隠されていた家族のなかで、この少年もまた、良心の呵責もないまま、自らの生を閉じたであろうことが想像できる。子どもに隠された苦痛を伴う秘密による圧迫は、こうした謎めいた行動を生み出す。だが、映画はまだ続きがある。バカンスから帰宅して、少女の遺体を発見した両親は、その亡骸を消してしまおうと決断する。親たちは、ナチスがユダヤの人たちに対して行なったように遺体を焼却することはできず、別の方法を思いつく。それは、少女の遺体を細かく刻んで、毎日少しずつ、台所にある流しのトラップに排出して消却していくというものだ。祖父が犯したであろう重罪を、それについて口をつぐむことで罪の加担者となっていた両親は、息子の犯罪に対しても同じことをする。だが、ある世代から別の世代へ、すべてを忘却することは、決して同じようにはいかない。少年は最終的に警察署に自首するのだが、それは同時に、自分の両親をも告発することになる。したがって、少年の振る舞いの意味が、ここで反転するのである。彼は——ナチスが無処罰の殺人を犯したことを——再現しようと殺人を犯したのではない。逆に、正義がきちんと行使されるべくやったのである。両親は、ナチス統治中に犯したであろう——あるいは少なくとも覆い隠していた罪のために訴追されることはなかった。けれども、息子が犯した罪のために、それを前の世代が行なったように秘密にしておこうとした咎で罰せられることになるのである。

VI モニュメント〈記念碑〉が〈秘密〉を守るとき

モニュメントとは、原則として、ある集団にとって歴史的に重要な出来事を記憶にとどめるため、もっと正確に言えば、その歴史に関与した犠牲者たちの追悼を可能にするための公共の構築物である。だが、童謡でよく知られたゾウ〔フランス革命後、バスティーユ広場に建立された象のモニュメントのことを指す。ユゴー『レ・ミゼラブル』の作中にも登場〕のように、「モニュメントは、ひどい嘘をつく」こともある。スペイン市民戦争の犠牲者たちを記憶すべく、フランコ将軍によってバジェ・デ・ロス・カイードス（Vallée de Los Caídos）に建立された戦没者の谷〔一九四〇年から五八年にかけて建設されたスペイン・マドリード州サン・ロレンソ・デル・エスコリアルにある国立の慰霊施設〕と呼ばれるモニュメントが、その一例である。この巨大な霊廟は、クーデター当時の状況を巧みに忘れさせるべく、時の政権化において戦闘員全体によって体験された苦痛が顕彰されている。言い換えると、そのモニュメントは、記憶を育てていくどころか、クリプトを封印させるようにと定められているのだ。

しかし、忘却がたとえモニュメントを制作する決定のなかに組み入れられていないとしても、それは、あらゆる記念碑の建立計画と不可分である。たとえば、アルザス・ロレーヌ地方の第一次世界大戦（一九一四―一八）を記念した多くのモニュメントには、「我が同胞たる、亡くなった者たちへ」と刻まれる一方、フランスのその他の地域では「祖国のために亡くなった者たち」と記されている。アルザス・ロレーヌ地方の住民たちは、一九一四年当時はドイツ第三帝国に併合されていたため、第一次世界大戦ではドイツ軍に招集されたことは周知の通りである。モニュメントは相反することは伝えない。だが逆に、こうしたモニュメントが、当時の特殊な状況について何も語らないという事実は、忘却を促進させる危険性がある。それが建立される地域では、数多くの家族がトラウマの記憶に苛まれている。ドイツ軍統治下で戦死した息子や夫、父親のいる者たちにとって、フランスが勝利した歴史的事実は、先の大戦の顕彰を困難なものにしている。こうした出来事は、非常に長い間、公にできずにいて、堂々と家族を追悼することもできなかった。すべての世代が、前の世代の人たちの苦痛について誰も語ることなく成長していったのだ。社会機構のなかで、先人たちの苦悩が示唆されることは決してなく、既存のモニュメントは、あっても、むしろ彼（女）らの苦悩について口を閉ざすように促す。

そういうわけで、ひとつモニュメントが建立されるたびに、何かが覆い隠されてしまう危険性がある。毎回とはいわずとも、意図的に何かが隠匿されうる。しかし、モニュメントは、集団との絆《きずな》を強めることに重きをおくために、各々の経験のなかで最も個人的なものを放棄することを促す。モニュメントは、それが現前することで、記憶が集合的な構成要素であることを想起させる。それは社会化のポジティブな力である。だが、それはまた同時に、誰もが最も個人的な記憶を精神的孤立（隔離）状態へと追いやる危険性がある。それこそが忘却の否定的な力である。

とはいえ、モニュメントがなければ、記憶にとどめておくことは、よりいっそう困難になる。人間は生きるために、そして覚えておくためにモニュメントを必要とする。だがそれは常に、人々の記憶を失わせる危険性を孕んでいる。終結するかどうかは、家族的な記憶である。モニュメントは、集合的・知的・抽象的記憶と、具体的であるが単独の個人的記憶とを対立させる。そのために、〈秘密〉つまりは分裂《クリヴァージュ》に陥ることを余儀なくされることを回避するには、家族的な記憶を奨励する必要がある。モニュメントに刻まれる記念プレートに、「覚えていて下さい」といった碑文を入れるべきでないのは、そういうわけなのだ。というのも、このフレーズはむしろ、個人の記憶を公式の集合的記憶というふるいにかけようとするやり方であるからだ。したがって、むしろ次のように記すべきである。「このモニュメントのことはもう忘れなさい。あなたの数々の思い出を、大切に育んでいって。あなたの近しい人たちに語ってごらん」と。

実際に、過去の出来事が記憶されて、国家間を腐敗させる〈秘密〉の目的が果たされるのは、まさしく家族のなかでである。戦後ドイツの話に戻ってみよう。自分の親に、ナチス時代にどんな態度をとっていたかを質問した子どもは、曖昧ではぐらかした返答しかもらえなかった可能性がある。けれども、こうした親たちは、自分たちが常にそのことを考え続けて、苦しんでいたり、恥ずべきだと感じていることを、身振りやしぐさ、態度などを通じて示している。子どもが答えをせがんだら、親たちは苛立つか、反対に、自分の殻に閉じこもってしまったり、果ては怒りを示すかもしれない。それだから、子どもたちは、無理に話しもらうことで、親たちを不機嫌にさせないようにと諦め、「黙っていたほうがいいんだ！」と考えるようになる。殊に戦後生まれの世代は、二通りの忠実さの間に挟まれて身動きがとれずにいた。一方の忠実さとは公的な記憶に対して、他方は家族の沈黙に対する忠実さである。これにより、この戦後世代が「過度な罪責性」と名付けたものをどうして拒絶するのかを理解することができる。実際、戦後生まれのあるドイツ人が、次のように言ったとしよう。「僕たちはナチズムのことをさんざん聞かされてきたさ」。これは、その者が、まずもって以下のよう述べたのだと理解せねばならない。「まったくナチズムのことばかり聞かされてきたせいで、何かおそろしいことが両親や祖父母たちの身に起こっていたのだと想像する羽目になっていて、僕は考えることすら自分に禁じていたほどなんだ」と。

　集合的記憶と個人的記憶との間で、戦後ドイツでは、家族的記憶がその架け橋としての役割を欠いていた。家族的記憶の欠如は、占領下時代、あるいはアルジェリア戦争後のフランスにおいても同じであったのだが。いずれの場合にしろ、何かしら変えることができるのは、犠牲者のためにさらに巨大なモニュメントを築くことではない。それよりも、可能な限りいたるところで家族的記憶の再導入を試みたほうがよい。そのためには、家族のなかで、誰もが「自らの物語＝歴史《イストワール》」を語るように促すことだ。家族的記憶が、明示的・暗示的にも、次世代にさまざまな形の苦悩を引き起こしかねない慣例を作り出す〈秘密〉のなかで硬直化しないように。

第六章　秘密とともに再構築する

　ある老婦人が、死ぬ間際になって、自分の甥《おい》に驚愕の秘密を打ち明けた。それは、当の甥の父親が、実の父ではなくて、本当は、母親と愛人との間に生まれた子どもであるという事実であった。老婦人は、それを言うべきかどうか、長いことためらっていたと語ったが、死が近づいて時間が切迫していることが、彼女を打ち明ける方向へと駆り立てた。この秘密を自分の墓にまで抱えていく覚悟がなかったのだ。十年前なら、この甥は黙っていることを選んだであろう。さもなくば、自分の母親に問い詰めようとしたであろう。だが、二〇〇九年ではすべてがまったく違ってきた。甥は、密かに自分の父親の唾液を二度採取して、それを自分の唾液サンプルとともに検査機関（ひとつはドイツ、もうひとつはアメリカ）に送っていたのである。一か月後、彼は、採取されたDNA染色体を解析した二つの検査機関から、一致しているという結果を手にすることとなった。結果は、まったくの疑いもなく、彼は、実の父親の息子であったのだ！　ということは、年老いた叔母は、亡くなる前に甥に嘘をついたのだろうか？　彼女は彼の耳に、そうと承知のうえでわざと疑念を掻き立てるようなことを打ち明けたのか？　おそらく、そうではあるまい。この老婦人は、すべて自分で思い描いて、それから何十年もの間、心の内で思い巡らせてきた物語を、しまいには本当だと信じ込んでいたのである。

この物語のなかで、真実を見いだすのはたやすいことであった。ただ、それでも、真実がすべてのうわさを手っ取り早く片付けるに十分であると考えてはならない。前述した家族のなかには、この甥が、正式な父親とは別の父親との子どもであると信じ続ける者もいるだろう。彼（女）たちには、実施された検査が、ほんのわずかでも偽陽性として出る可能性を仄めかすだけで十分である。わずかな可能性であっても、ありえなくはないからだ。だが、秘密にされた出来事が、祖父母の世代や祖先に関することになると、「真実」の探求が確かなものにいたる可能性はまったくないか、あるいは逆に、登場人物の数だけ確かな情報が出て来る可能性が高くなる。パスカル・チロード（Pascal Thirode）は、一九四四年にコルシカ島の刑務所で死亡した祖父についてのドキュメンタリー映画[1]のなかで、祖父の死に関して打ち明けられた複数の「内密の話」を収集している。それは、祖父が、未診断の肝炎で病死した、血管を開いて自殺した、フォークを使って自殺した、殺人を犯した、などといったうわさである。刑務所の医療カルテは不完全であるから、チロードにとって、こうしたさまざまな証言が、インタビューされた登

（1）パスカル・チロード『しっ、黙っておけ』（P. Thirode, *Acqua in bocca*, 2009）。このコルシカ島の方言は、沈黙への誘いである。

場人物たち各々の個人的な「真実」を指し示していると考えるしかない。ただ映像では、最も大切なことがなされていた。チロードは、調べていくなかで随行していた自分の二人の娘に、それまで沈黙を強いられていたこの出来事について話してもよい自由を与えていたのである。したがって、映画でのチロードの探究は、故人が家族の記憶のなかで安らかに眠れるよう、死者に捧げられた最後のオマージュとして重きをなしている。そのため、私たちは映画の最後で、祖父の墓に、それまでアイデンティティ（名前や身分）がまったく記されていなかったことを知っても驚きはしまい。祖父がどのようにして亡くなったかを語ることを禁じられていたことが、それまで彼の名前を呼んだり書いたりすることすら禁じていたのである。映画のなかで、パスカル・チロードの探究は、そのように記されて締め括られている。それは、家族の冒険が決して止まることのないように、読解可能な形で歴史のページをめくる一つのやり方であった。

実際のところ、あらゆる秘密は——しばしば時効の状態にあっても——それが隠しているものを越えて、何らかの機能を果たしている。たとえば、権力の組織網を構成していたり、「真実」とみなされた出来事によって家族の不和や諍いが正当化され、元の原因は、時《とき》という闇のなかに見失われたり、不法と判断されて和睦を妨害したりする。

重篤な秘密が存在するすべての家族で、秘密が果たす機能を理解しようと試みる必要があるのは、そういうわけなのだ。私はここで、娘が自分の実の娘ではないことを本人に知られることを望んでいなかった父親の家族のことが思い浮かぶ。その若い娘は、荒れた思春期を過ごしていた。治療者は、両親に対して本人に真実を伝えるように説得した。すなわち、母親がいまのパートナーと出会ったとき、別の男性の子どもを身ごもっていたのだが、二人はそれでも結婚することを決意したのだということを。この秘密が少女に伝えられてから半年後、それまで少女の面倒をよくみていたその義父が、彼女をレイプしようとしたのだった。秘密が担っていた機能が、ここで明らかとなった。義父は、自分が実の父親だと娘が思っていることに強くこだわっていた。というのも、義父にとって、実の親子関係という状況にあったほうが、自身に感じ取っていた性的欲求を抑えこむうえで都合が良かったからである。だが、娘が自分のことを実の父親とみなさなくなれば——それは、自分の生まれた状況について娘が知れば、もうそれは避けられないと考えて——、義父はもはや自分の娘だとみなせなくなったのである。

それゆえ、何らかの秘密の発見という事態に直面する治療者は、秘密を焦点化してはならない。それはまた、家族のそれぞれの物語のなかに見いだされる秘密についてもいえることだ。それは、物事が直《じか》にまといついて展開していく秘密があるからではない。ひとつの秘密は、しばしば、集合体としての秘密の一部にすぎない。そうした寄せ集められた集合体には、何世代にもわたる複数の秘密と、そうした秘密をめぐって構成された複数の家族の規範が含まれている。一般に、ある秘密を見いだした者は、その開放が「仕返しの衝撃[2]」を引き起こさないよう、家族状況を柔軟なものにする努力を強いられる。

I 「あなたのせいじゃないの（お前のせいではないよ）」

子どもは、自分にその責任があると感じない限り、親の人生に関心をもたないものだ。こうした印象を与えることこそ、何としても避けねばならない。けれども、親は子どもに、自分のトラウマについて詳しく話さないことも大切である。話すことは、とても消化できないひどく暴力的な感情に子どもを直面させることになる。もしも親が子どもに、自分に作用する苦痛な問いにふれなければならないとすれば、それは「子どもにすべてを説明する」ためではなくて「安心させる」ためである。父または母が苦しんでいるのは、お前のせいではない、ということを伝える。だから最善の方法は、子どもに次のように言うことだ。「お前のせいではないのだからね。関係ないんだよ」と。

子どもに語るには、もはや〈秘密〉としてではなく、暫定的にそれを語ることが困難で、問題として何に立ち戻ることになるのかに言及する必要がある。また、子どもに大人が所有するすべての情報を一度に提供しきるのではない。子どもの諸々の問いかけに対し、年齢に応じて理解できる範囲内で応答することだ。その目的は、子どもに自分の理解を受け入れられない領域を生み出すことを避けるべく、親と子どもがまずは互いに尋ねあえる、親に問いかけてよい権利を与えることにある。秘密を抱えた家族のなかで成長した子どもは、実際、親が抱える苦痛の領域をたちまちのうちに感じ取って、それをめぐる問いを桁外れの容量で抑え込んでいたことがわかる。けれども、親の苦しみを再び呼び覚ますことをおそれて、子どもは少しずつ、すべての自らの質問について口をつぐむようになる。こうした傾向は、成長して大人になっても続く。一見、好奇心旺盛で教養ある大人が、婚外子や自殺といった特定の問題をめぐっては、考えうるすべての問いを自分から除外していることがある。なぜなら、こうした問いは秘密とつながっていて、子どもはそれが家族のなかで尊重されて守られるべきことを、きわめて早期から学んでしまっているのである。秘密は、それがもはや秘密になっていなくとも、真実やコミュニケーションと等しく対立するのである。

親がついに、子どもとともに前の世代の秘密に立ち向かおうと――無論、親はそうしなければならないのだが――決意したとしよう。そういうときは常に、親は自分が理解していたと思っていることを、ひとつの仮説として提示したほうがよい。ひょっとして、子どもはいつか、自分で所有しきれないほどの情報を得ることになるのではないか？　そのうち、前の世代が知らずにいた内容を知る術を身に着けるのではないか？　遺伝子検査について考えてみよう。こうした検査は、ほんの数十年前はまったく想像もつかなかった技法で、血統や家系についてのアプローチ法を革新させてしまった。将来的に、今後

（2）家族療法家モニ・エルカイム（C・グロリオンとの共著）の秀逸な表現より。（『ひとつの固有の家族からどのように生き残るか？』【22】）

どのようなことを知りえるのか、私たちには思いもつかない。子どもたちから秘密を発見する喜びを、どうして奪うことができよう？　未来は無論、私たちの歩む先にある。だが、過去もまた然りである。将来が、必ずや過去に解明をもたらすかどうかは、まだわからないのである。

Ⅱ　いくつになったら話すの？

話をするのは、できるだけ早い時期からのほうが良い。つまり生まれてすぐにでも、出生前からでもよいだろう。父や母（になる人）が、妊娠中からお腹の子どもに語りかければよい。まず第一に、そうすることで、〈秘密〉を保持する親は、少しずつ〔秘密につながる〕言葉に慣れ親しむことができる。後年になって、子どもがそうした言葉の意味を理解するようになったときに、この主題について明確なメッセージを伝えることができるだろう。そのあとから、親は子どもにも関係してくる重要な内容を語ることがより容易になる。親からすれば、子どもがまだほんの小さい頃にすでに話したことであるが、当時はまだ幼すぎて理解できなかった内容なのだとあらかじめ伝えることができる。ある女性は、そのことを六歳になる娘の口から教えられることとなった。あるとき、彼女が娘に、実の兄だと伝えていたのが実際には義兄であることを説明しようと決めたとき、幼い娘は、わんわんと泣いた。娘は、自分の祖父母や叔父、叔母たちは、そのことを知っていたのかと尋ねた。母親がそうだと答えるたびに、娘はだんだんと憤慨していって、次のように語ったという。自分に一番関係のある問題なのに、最後まで知らされなかったなんてひどい、と。彼女はそれから、母親のことも非難した。私には嘘をつくのはよくないことだといつも言っておきながら、ひどい嘘をついていたではないか。そのため、この母親は、もはや何を言ってよいのかわからず、それでは、娘にいつ頃に話しておくのが本人にとってよかったのだろうかと尋ねてみた。すると、六歳の娘は、精神分析家に値するくらい素晴らしい返答をした。彼女はこう答えたのである。「私がまだほんとうに小さいときから、ママはそのことを話すべきだったのよ。私は何にもわからなかっただろうし、泣きもしなかっただろうけれど、ちゃんと全部、知っておくことはできたはずよ！」。

実際のところ、「知ること」と「わかる」ことは、まったく異なる。多くの親が、子どもに秘密を話すことを躊躇するのは、子どもがまだそれを理解できないのではないかと懸念するからである。それで、親たちは（その時を）待つことになるが、しばしば、話すのに適した時期など決して訪れない。子どもが六歳になって小学校に入学する時期になると、親たちは、「いまの時期はこんなことを話して困らせてはいけない」と考える。後になって、子どもが秘密について理解できる十分な年頃になっても、子どものほうは中学に入学するため学業に専念しなければならず、親はまたもや躊躇することになる。思春期の時期になれば、親は再び躊躇する。じきに、子どもたちが親離れしていくにつれて、親は、そもそも子どもの怒りや嘲弄を引き起こす危険のある内容を、どうして話さなければいけないのかがわからなくなってくる。それに、もしも親が、その時期に話したとしても、思春期の子どもたちからは概して、「自分にどうしろっていうのさ!」と返答されるだけだろう。実のところ、「どうしようもない」というのは嘘である。だが、彼（女）たちは、親が学校や保育園に子どもを遅れて迎えに行っても、それに気づかないふりをする幼い子どものように応答する。そうすることが、親に対価を払わせることになるのだ。秘密が長いこと隠されてきて、思春期に入ってはじめて打ち明けられたような子どもは、そんなことは自分に関係ないといった反応の仕方をとりやすい。それは、子どもに話してはいけないということではない。反対に、子どもが何らかのしるし〔座標軸〕を構築し始めているときには、なるべく早く話さないといけないということだ。あまり待ちすぎると、子どもはすでに知的・情緒的な基盤を築きあげ、心的・対人関係的な嗜好を固定させてしまう。子どもはまるで、長らく壁が二分していた都市〔ベルリン〕のようになってしまう。その壁が取り壊されても、多くの住民たちは、壁がいまだ存在しているかのように移動したり、する必要のない迂回をしていたのだった。〈秘密〉を抱えた家族のなかで成長した子どもの心的生活は、こうした都市の住人たちといくらか似ている。子どもに秘密を話すのが先送りになればなるほど、子どもは考え、感じている。その後も、もはやそのことが問題になっていなくとも、その秘密がまだ存在しているかのように振る舞う。ここで、樹木の若枝の隠喩を用いることもできるだろう。庭師は枝が傾くように括りつける。そのつながりを切り取るとき、その小灌木は明らかにまっすぐにはのびていない。それが長くつながっていればいるほど、無理やりに離さないと形を整えるのは困難となる。長く括りつけられていたら、おそらく木の幹は常に、このエピソードのしるしを背負うことになるだろう。同じように、はじめに〈秘密〉に屈した子どものパーソナリティは、解放されたあとでも、その瘢痕を抱え続けている。それは、決して分裂したパーソナリティの間で共有されることはない。本人の一部分は、言われたことを理解している一方で、別の部分は、それを無視しつつも、考え、感じ、行動し続ける。こうした状況では、親がその〈秘密〉をめぐって保持していた分裂が、その後裔らに伝達されたといえるだろう。これはまさしく、伝達という言葉が当てはまる唯一の領域である。ある世代に〈秘密〉が存在するとき、それが意味するものに関していえば、本来の意味での伝達は実際には遮断されている。その次の世代は、今度は自分の番になって、「親が分裂すれば、子どもも分裂する」。だが、勘違いしてはいけない。連続した二世代にわたる分裂は、同じ経験を通じて構成されておらず、同じ出来事に基づいてもいない。親の分裂は、〈秘密〉の元となる個人的なトラウマ経験に基づく一方で、子どもの分裂は、この〈秘密〉の漏出を通じて構成される。言い換えると、後者の分裂は、子どもが自分の親の苦悩を感じ取ったものや、想像したもの、その状況に対処するために築いた防衛を通じて構築されるのである。

Ⅲ「何を隠しているの？」

もしも、自分自身が家族の秘密の犠牲者であると感じたのなら、どうすればよいだろう？　もちろん、それについて話すことだ。だが、どのように話せばよいのだろう？　まずは、それについて問いかけてみること。けれども、何でも質問すればよいわけではない。忘れてはならないのは、私たちに何かを隠してきた人は、当人自身が秘密の犠牲者であるということだ。したがって、誰であっても非難することは避け、次のように述べるだけに留めておこう。「私の家族のなかで、誰かがある時、何かを隠したようなのです」。時に、自分が対話する相手（多くは親）が次のように応答するのを聞いて、びっくりするだろう。「おやまあ、お前もそのことを考えているとはねえ！　そうだね、私もそう思うよ。私の父（母）さんが、本人は決して話すことはなかったのだけれど、何かしら大変なことを体験していたのだろうね」。私たちは、その謎の原因を知りたいと思っていた。そうして、私たちはまた別の犠牲者、むしろ共犯者を見いだすことになる。なぜなら一緒なら、私たちはより多くを知ることができるだろうから。

私たちがもしも、秘密が自分に重くのしかかっていたと考えるのなら、二番目になすべきことは、秘密が生まれる発端になったと思われる世代の生活状況について照会して、知識を得ることである。実際に、家族の秘密の多くは、歴史の一時期や、地理上や居住区、社会階級や職業階級において共通性がある。たとえば、二十世紀前半において、裕福な家庭で家政婦として働いていた多くの若い女性たちは、家の主人やその息子たちのちょっかいの標的に晒されていた。その結果、妊娠してしまうと、当の女性や家族にとっては口に出せない恥として体験された。本当はそれが、社会的な悪であるにもかかわらず。恥の感情にこめられた秘密が、実際に他の数多くの家族で同じように見いだされれば、そのことをありふれたこととして扱い、もっと容易に話せるようになるだろう。

私たちがもしも、家族の秘密が自分に重くのしかかっているように感じるならば、自分の記憶をさぐっていくことが必要不可欠である。それは、誰かが何かを自分に隠したように思われる時機《モメント》を探し求めるのである。家族の秘密がいったい何であったのかを、これ以上わからなくとも、この問いは、私たちが自らのパーソナリティに課した歪みを理解する手助けとなるだろう。この歩みが、後になって、私たち自身の問題や障害によって子どもたちを惑乱させる事態を防ぐことになる。

Ⅳ　恥と秘密

いかなる恥も、何も明らかにはしない。恥の感情とは実際、そこに立ち会っていた行為に対して、さらには当人が犠牲者であったときに感じられるものだ。あるいは、ただ単に話を耳にしただけの行為に対して、そう感じることもあるだろう。家族の秘密について考慮することは、さらにまた別のことを私たちに教えてくれる。私たちは、たとえ自分が同じことをやっていなくとも、誰か他人——特に親——が実行したことを想像した行為についても、恥を感じるということを。そして、こうした状況のなかで、物事をさらに複雑にするのは、恥を感じている者は、それがどうしてなのかわからず、この状況に置かれた個人的な理由を自ら探し求めようとする。主要な理由は自分とはまったく関係がないというのに。

私は、ある三十代男性の治療を受け持ったことがある。その男性には短い交際期間中にできた、望んではいなかった子どもがひとりいた。彼は、この状況をひどく恥じていた。その一方で、そうなった時期——つまり一九九〇年代——は、むしろそれが、ありふれたことだと言わざるをえなかった。治療はしたがって、彼の隠された挙児願望、女性との関係性、そしてもちろん、その先にある母親との関係をめぐって始められた。しかし、私の関心は、すぐに彼の抱える家族の秘密のほうに引き寄せられた。それは、彼が十四歳のときに聞かされた話であった。彼の父親は、最初の結婚のときに子どもが一人いた。父親はその後、再婚して子どもがもう一人できても、密かに最初の子どもの面倒をみ続けていた。この再婚相手との間にできた息子が、私の患者であったのだが、彼は非常に早くから、この状況を察知しており、それに不安と恥の感情をもって反応した。自分の父親が、最初の子どもに対してそうしたように、今度は自分が捨てられるのではないかという不安である。自分の父親がそんなふうな行為をするかもしれないと考えることを恥ずかしいと感じた。それから、そのような考えを抱いた自分に対して罪悪を感じた。そこで彼に生じたことは、どうにかして父親に対する自分の共感と理解を示すことであった。彼は、父と同じような状況に置かれていたのではないか？　面倒をみることを放棄した子どもの父親であることは、彼の場合、その子どもに自分の名前を明かさなかったということではないのか？[3]　彼の恥の感情は、実際には、父親が感じたであろうと彼が想像した恥の感情であったのだ。彼が身を置いた葛藤的な状況に関していえば、その状況は、自分の名前にこの恥の感情を再適合させようとすると同時に、自分の父親との対抗関係の病理的な形の表出であったのだ。それは、父と息子の典型的な対抗関係、ポジティブで構造的な関係性とはまったく異なるものであった。

そういうわけで、家族の秘密と世代にわたるその影響に取り組むためには、いかなる恥も何ら――その原因や合法性、関係する世代について――明らかにはしないことを理解しておくことが肝要である。

（3）この事例の詳細については以下の著作を参照。S・ティスロン『恥――社会関係の精神分析』【52】。

V　秘密は医療社会的制度におびやかされる

残念ながら、病原性のある秘密は、きちんと癒合しなかった苦痛な傷を抱えた親によって作られるだけではない。それはまた、カチンの森の虐殺に関して先述したように、特殊な社会的状況の帰結としても生じうる。さらには今日では、治療施設そのものに治療者と患者との間で問題を孕んだ秘密を引き起こしやすい状況が存在する。それは、治療する側が、面接を始める前に、読むことを促されるカルテ情報のことである。たとえば、ある治療者が、カウンセリングを実施するために受け入れる予定の少年のカルテを読む。そのなかで、その少年は、本人が匿名の提供者から提供された人工受精によって生まれたことを知らないとわかる。あるいはまた、ある家族療法のカウンセラーは、同僚の紹介状から、治療を引き受けようとしているカップルについて、夫が妻を裏切って不義理をしているが、妻はそのことをまったく知らないことをあらかじめ伝えられる……。

そうなると治療者は、こうしたクライアントをどのようにフォローできるだろう。本人たちは、自分のそういった情報を治療者がすでに保有していることを知らない。時には、本人自身ですら知らない情報もあるというのに？　治療を司る者は、秘密を子どもと対立させる親と同じ状況に陥ってしまいかねない。つまり、自分の知っていることを子どもに伝えたい欲望と、うまく伝えることができないという不安との間で板挟みになる。その者たちは、当の患者が知らないとされていても、常に察知している（秘密の）領域に近づいてくるたびに、同じ状況下で親がしたように、ばつの悪そうな身振りやしぐさ、態度を示したり、おそらく不適切とみられる解釈を行なってしまう危険がある。

治療者は、結果として、患者本人が知らないとされる情報を保持している場合には、当該患者の治療をフォローしていくことを拒否できなければならない。あるいは、それでもフォローしていくことを選んだ場合に、治療者は、こうした情報を本人に提供するところから始める必要があるだろう。そして同様に、治療者は、カルテに書き記すことを患者に常に伝える必要がある。

医療における守秘義務という問題は、治療者側を、自分たちの実践活動を統制するさまざまな審級と対立させるだけでない。この問題は、新たに患者と出会うたびに試練が与えられることになる。こうした試練を通じて、各々が、患者について語られたり書かれていることと、患者が治療者に語ることとの間で生じる曖昧で当てにならない状況に対処させられる。つまりは、秘密が生じるすべての状況と同じように。私たちはここで、隠蔽につながる支配的欲望と情報共有を促す相互性の欲望との間で選択することを学ぶ必要があるのだ。

VI　立法者側の役割

立法者側の役割にふれないことには、〈秘密〉からの回復や治し方についての考察を締め括ることはできない。専制や独裁政治が打ち破られたときに、拷問の存在といった国家レベルでの秘密の解除が可能であるのは立法者であるからだ。しかし、立法者の役割は、それぞれの家族に固有の秘密にも関わる。養子縁組の痕跡を消し去り、子どもを養父母から「生まれた」と登記する「完全（養子縁組）《プレニエール》plénière」と呼ばれる制度は、国家的に封印された嘘以外の何物でもない。それは、冷凍保存された精子や卵子、胚細胞が提供されて実施される人工生殖という今日の新たな出生条件においても同じである。危惧すべきことは、数年ほど前には想像もつかなかった生殖実践が、遠からず日常生活の一部となることではない。憂慮されるのは、生まれて来る子どもの妥当な心的発達の必要条件である象徴的しるし――その条件がたとえ不十分であっても――を敷設するか否かの自由を、立法者側が、親たちのイニシアチブのみにまかせてしまっていることだ。それは、親の務めの困難さを故意に無視することである。殊に、家族での登場人物たちが同時にいくつもの立ち位置を占めているとき、たとえば、子どもの祖父が同時に精子提供者である場合がそうである。こうした方法で生を受けた人は、その出生条件にではなく、自らの出生をめぐって沈黙が敷かれたことに疎外感を感じる危険性がある。子どもたちは自らの問いをめぐって、親からの、ばつの悪そうな沈黙を感じ取る。当人が、いつの日かその真実を見いだしたとき、親たちがどうしてもその事実を隠さなければならなかったかのように、どこにも登記できなかったというだけのことで「恥ずかしい」と感じることは十分にありえる。子どもにとって実際、「登記されない」と「登記できない」ことの相違を感知することは困難である。子どもには、名付けられも書かれもしないことが、たちまちのうちに「恥ずかしい」と感じ取られてしまう危険がある。きわめて早期に体験される恥の感情は、子どもを心的な疎外へと陥らせる。そうなると、自分がこの世にどのように生を受けたかの一部始終を、たとえ理解したとしても、その恥の感情から抜け出すことはきわめて困難になる。

こうした問題に直面して、すべての責任が親に帰するわけではない。立法者や立法機関もまた、果たすべき重要な役割を担っているのである。

まずは、新たな家族実践のなかに入り込んだ子どもたちが、そのなかで自ら認識する術が得られるように、早晩、行政書類上の表現について再考する必要がある。それは、すべての親性 parentalité が備える以下の四つの構成要素を識別しつつ統合するためである。それらは、遺伝的親子関係に基づく生物学的要素。子どもと世話をする大人との間で確立される感情的・知的な諸々の紐帯を通じて構築される教育的要素。姓（名字）によって承認される系譜的要素。それに、これから定義づけられることになるが、妊娠や懐胎の慣行とつながる要素、の四つである。

引き続いて、もしもそれぞれの出自がわかっていれば、各々がそこに接続《アクセス》できるようにすることが肝要である。どこでも「痕跡可能性 traçabilité」が問題となる時代に、出自がわかっていながら、子どもがそれを追跡する権利を拒絶されることは受け入れられない。

今日、親たちが沈黙していようと話そうと、フランスでは、そのような出自にまつわる情報を親たちの思うように取り扱う自由を認めている。だが、多くの親にとって、自分たちがもしも生物学的、家系的、教育的な役割を兼任していなければ、本物の親という存在ではないのではないかと懸念している。それゆえ、自由に扱うことがよりいっそう困難となる。それに、もしも制度や施設のなかで配偶子や胚細胞の提供者の素性を不明のままにすべきと決めるなら、親によっては、たちまちそれを、子どもには出生条件について伝えないことの論拠とするだろう。もう一度繰り返して言おう、秘密は秘密を引きつけるということを。私たちは、反対したり、加担者になることを要請する相手に対して、私たちはまた別の秘密を作り上げて応答する。私たちは、自分が逃れられている秘密に対し、てっきり自分が制御していると思い込んでいる秘密を付け加えてしまうのである。

政府はそのようなわけで、当事者たちが成人になったら保持しているすべての情報を自由に利用できるようにする必要がある。それには、三つの理由がある。第一に、すべての市民には、自らの生まれや出自について知る権利があるということ。第二に、生物学的な出自について知っていてもアクセスできないことが、他の要素と比較して家系の遺伝的構成をより理想化させやすいという事実。第三は、政府に保持された秘密によって、今度は親が、また別の秘密を抱えた自分の子どもと対立することを助長させるという理由である。

まとめ

あらゆる真実が治療的になるわけではないが、それでも〈秘密〉はしばしば病原となりうる。これこそ、私たちが取り扱っていかねばならない逆説《パラドックス》である。この逆説は、そのうえ、重篤な秘密が存在する家族のなかで成長したすべての子どもたちが直面することに呼応する。つまり一方では、子どもは理解したいという欲望によって――時には親を安心させたいという意図のもとで――突き動かされる。それが他方で、自分が知ることを禁止され妨げられていることを尊重しながらパーソナリティを構成していく。それは結果的に、ある緊張をもたらし、場合によっては、その人のパーソナリティを二つに分割することになる。この分割あるいは分裂《クリヴァージュ》を取り除くことが治療とされる。真実の表明、あるいは「ひとつの真実」であると信じられていることを表明するのは、単なる一側面にすぎず、常に必須であるとは限らない。子どもに対して、自分の家族には子どもには話せないような苦悩を伴う秘密が存在することを伝えることが、すでに大事な一歩であり、時にはそれが唯一可能なことでもある。もちろん、「その子のせいではない、関係のない」ことを付け加えてであるが。

そしてまた、ある秘密の存在、そしてまたその内容を追認すれば、各々がそれぞれの連鎖から自動的に解放されるわけではないことを付言しておく必要がある。人によっては、すべてがまったく元のまま持続することもある。というのも、その人たちはすでに分割された心でやっていく術《すべ》を習得しているからである。だが、それはまた反対に、変化を望む者にとっては、変わるべく進めていけるようにもなる。その者たちは、いまや〈秘密〉の存在に関する疑念に、根拠が与えられたことを知るのだ。彼（女）らはもはや「ファンタスムを築く」ことはない。家族の秘密の重荷を否定しようとする人たちが長らく言い張ってきた通りの、「家族空想《ファミリー・ロマンス》」や「物語や来歴」によって自らを構築することもなくなるのだ。

I　三世代の〈秘密〉

まずは、〈秘密〉の創始者が概して、少なくとも見かけ上は困難を何とか切り抜けていることから認識しておこう。分裂が、その人にとって自らを守る効果的な手段となり、できるだけ長きにわたって破綻せずに済んでいる。だが時には、きちんと癒えなかった傷をよみがえさせる力をもった些細な出来事を契機として、その人に破綻が生じることもある。たとえば、ある友人の自殺を事故と偽って隠してきた男性が、自分の飼い猫の偶然の事故死をきっかけに打ちのめされたりする。一見なんてことないような第二の傷つきが、第一の傷を呼び覚ますのだ。

〈秘密〉の代価は、時に次世代以降を通じて、学習の障害や、一般に恐怖症と呼ばれる一見説明できない不安が出現する形で支払われることがある。つまりは、〈秘密〉によって生じた心的に安心できない雰囲気での諸反応である。高慢さや誇大感は、苦悩を伴う家族の秘密によって発生した罪責感や恥の感覚に対処するための効果的なやり方でもある。あるいは、人生の規範を嘘で塗り固める者も出てくる。彼（女）たちにとって嘘をつくのは当たり前のことで、それが自分の親を批判するという困難な課題を避ける術なのだと主張する。ひどい場合には、彼（女）らは自分たちのごまかしから十分な恩恵を引き出して、何のためらいもなく己が正しいと信じ込んでいる。だが、ある意味もっと正直な人たちは、すぐにこのことに気づくと、周りを疲弊させつつ自らは孤立してしまう。家族の秘密に刻印されることは、したがって、人生の失敗を宣告されることではない。だが、間違いなく生きづらくさせる。家族のネットワークと、それにつながることの諸々の利点が重要な役割を果たす。〈秘密〉を抱えた家族のなかで育つことは、金持ちや貧乏な家の生まれ、名家や社会的に外れた素性の家で育つこととは、また別の意味あいをもつのだ。

問題は、周りの者たちを長きにわたって騙したり操作できていた者でさえ、自分の子どもとなると、それが失敗するということだ。すでにおわかりのとおり、子どもは実際に、象徴化の感覚–運動性の様相に照合する身振りやしぐさに対して非常に注意深い。殊に、子どもはたちまちのうちに、親の語りのイントネーションや眼差しから、親が自分に何かを隠していることに気がつく。それが子どもにとって当惑させるものであればなおさら、前世代の〈秘密〉によって印づけられた自分の親の隠蔽が非常に特殊なものとなる。この隠蔽行為は、元になった〈秘密〉の保持者のように、何らかの言葉や状況をめぐって構成されることはない。隠蔽は繰り返され、かつ捉え難いものだ。実のところ、親は、個人的で明瞭かつ鮮明な〈秘密〉を保護したりはせず、ただ自身の親が、自分にもたらした〈秘密〉の影響の証人となるだけである。

そういうわけで、〈秘密〉の代価は、しばしば、それとはまったく何の関係もない第三世代によって支払われることになる。そこに、当事者自身が何も語れないような、拒食症や物質中毒・薬物依存症といった表面上は意味を欠いた症状が現われてくることになる。この代価は支払うのが非常に重たいゆえに、子どもが苦しむ症状と、両親がその波及による犠牲となった祖父母の〈秘密〉とをつなげることがきわめて困難である。時には、幸いにも、寿命の延長や習俗の変化、何らかの相続や遺産などによって、祖父母（さらには曾祖父母）と孫との暗黙の結託を促進させることがある。だが、こうした秘密は、あるがままにしておけば、第三世代以降に影響を及ぼすことはほとんどない。そうした父や母から生まれた子どもは、病理的な〈秘密〉の保持者ではない系譜にある家族メンバーから補正的な影響の恩恵を受けられる。ただし、それはまた別の〈秘密〉を保持した系譜であるかもしれないのであるが。

II　言い方について

一九六〇年代に米国で実施されたある研究によると、養子縁組されたことを知らない子どもは、養子と知っている子どもよりも心理的困難さの表出が少ないことが示唆された。この研究結果は、養子縁組をした親たちに、それを言わずに隠しておくことを奨励するのに利用された。後年、時間をおいて見返してみると、この研究のどこに欠陥があったかがよくわかるだろう。それは、どのように沈黙が取り払われたのか、という点である。というのも、秘密に関しては、それがどのように打ち明けられたかがきわめて重要となるからだ。私たちの後裔たちに、個人的なトラウマの痕跡を伝えるリスクは、それについて話すことで減じられる。だが、その内容をあまりに詳細に、過剰な情感をこめて後裔らに課すことも有害である。忘れてはならないのは、子どもは、親のどちらかが自分のせいで苦しんでいると感じない限り、親の人生などにほとんど興味を示さないということだ。子どもたちを守らなければならないのは、その危険性からである。だが同様に、子どもたちに、とても同化できないほど過剰に暴力的な情緒に直面させることは避けなければならない。そういうわけで、大事なのは、私たちの秘密の傷つきが呼び覚まされた瞬間を同定できて、その傷によって私たちの悲しみや怒り、つらさなど、さまざまであることを認識できること。そして特に、子どもたちには何ら責任がないことを強調することである。「お前のせいではないよ、関係ないんだよ」という声かけは、無用な苦痛や問いを避けるための鍵となるフレーズである。

もしも親のどちらかが、私たちに何かを隠していたと感じるのなら、同じような慎重さが求められよう。大事なことは、私たちが子どものときの親たちの沈黙に対して、自らに思い込ませていた説明を、現実と取り違えないようにすることだ。そして、自分の年齢がいくつになっても、親に質問することを断念してはならない。というのも、親たちはおそらく、当時は拒んでいても、いつかは説明してくれるであろうから。

しかし同時に、誰に対しても話させたり、聞いてもらうことを無理強いしてはならない。現実にそうみえることと状況は異なっていると信じる権利は誰にでもある。それに、こうした姿勢が当たり前のこととなると、しばしば、現実はなおいっそうのこと程遠くなるのだ。

Ⅲ　インターネットはどのように秘密を変容させるか？

最後に、インターネット革命についてふれないことには、本書を締め括ることはできない。なぜなら、新たなテクノロジーもまた、秘密をめぐる状況を大きく変化させてきたからだ。私はここで、米国のウィキリークスと国家的機密をめぐる出来事について仄めかしているだけではない。以下は、ひとつの事例である。

ある若者が、母親の死後に押し入れのなかから手紙の束をみつけた。それは、母の両親の間で交わされた往復書簡であった。書簡は、役者をやっていた母方祖父が、ナチス占領下時代にドイツ軍のプロパガンダ映画に出演した際に演じた配役についての内容であった。祖父は家庭では非の打ちどころのない人物として通っていた。したがって、ここでは秘密が問題となった。こうした書簡を発見したことを、その若者は話すべきか、黙っているべきなのか？　彼は手紙を焼却することに決めた。その手紙を読んだ内容の記憶を消すよりも、手紙を燃やして消し去るほうがたやすい。手紙のことを話すべきか黙っておいたほうがよかったかという問いは、その後も、その若者の心を苛み続けた。その若者は、とうとう興味本位から、ネット上で、祖父の名前を打って入れてみた。すると、自分だけがそれを知っていると思っていた祖父の対独協力の事実が、ネット上で細かく言及されていることを発見したのだ！「秘密」は、何ら制約もなく世間に流布していたのであった。もはや、それを語るべきか否かが問題となったのではなく、家族にすら知らされていなかった祖父に関する情報を、誰もがネット上で自由に検索して知ることができるということだ。

別のある家族の例を挙げよう。ある五十代女性は、夫の姉（つまり義姉）との関係がうまくいっていなかった。その義姉から、あるとき彼女は自分の夫婦関係について、以下のようなきついことを言われて非難された。「あんたね、自分の夫の面倒をもうちょっとしっかりみといたほうがいいわよ。十六歳になる隠し子がいるのは、私の家庭じゃないのだからね」と。仰天した妻は、言われたことを夫に話した。夫はただちに完全否定した。妻は、上は二十五歳、下は十八歳までの三人の子どもにも話した。二日後、子どもたちがインターネット上で、その少年と思われる身元を特定した。隠し子（息子）の存在を妻と子どもに隠していた父親は、自分のほうの親族には彼を紹介していたのだった。その少年のプロフィールは、彼の従兄弟（従妹）にあたる親族の若者たちの **Facebook** 上に、しっかり紹介されていたのである。

Ⅳ 決して終わらない闘い

しかし、それでもなお、〈秘密〉との決着をつけることはたやすいことだとは思ってはならない。まず第一に、その大部分はトラウマとつながっていることが、〈秘密〉を明らかに家族的・社会的カタストロフの従属的立場に置かせる。そこにトラウマがある限り、〈秘密〉が存在する。なぜなら、トラウマの状況と結びついた苦痛がつらいほど、それを聞き取ることを受け入れてくれる対話者をみつけることが困難である。そして、そのリスクが高いほど、苦痛はパーソナリティの永続的な分裂を引き起こすことになる。

だが、その者たちにとって〈秘密〉が顔を出すことがあるのは、また別の理由がある。なぜなら、私たちの〈秘密〉を語りたいという欲望は、〈秘密〉をひた隠しにしておけば、自らの環境や「自分のイメージ」、さらには自分や来歴や家族の歴史をうまくコントロールできるという幻想と、絶えず衝突するからである。秘密にしようとする性向は、支配欲と紙一重である。家族の秘密と、それが惹起する劇的なドラマを呼び覚ますのに時間がかかるのはそういうわけである。それに、家族の秘密とその弊害に対する闘いもまた、長きにわたって生じることになる。問題は、（家族の）秘密を守る側と攻める側とを対立させるだけにとどまらず、私たち各々を分断してしまうことだ。それでも、〈秘密〉が絶えず揺れ動く〈真理〉よりも、むしろコミュニケーションと対立することをあらかじめ留意しておくと、私たちを憂慮させていることに言及してもいささか安心するであろう。

そのうえ、真理の捉え難さは、今日の科学が提起する観念でもある。私たちが「真理」だとみなしていることは、しばしば「近似・概算」と個人的解釈の積算にすぎない。記憶の分野においては、この慎重さはよりいっそう、不可欠なものとなる。あらゆる思い出は、端緒となる出来事に関与するニューロンの再賦活化を通じた経験の再構築である。[1] 私たちの環境や経験は決して同じではないことから、それぞれのニューロンの再賦活化もまったく異なってくる。

したがって、以下のことがいえよう。私たちの記憶は不動ではなく生きたものである。記憶を呼び出すたびに、私たちは記憶を改めて作り上げている。したがって、現実の部分と、現実を組み立てて作り上げる部分とを明確に判別するのは不可能である。記憶のこの特性は、過去がゆっくりと同化されて、その周りに新たなつながりが創設されるうえで不可欠である。私たちが語るのは、それが死者を埋葬するためだけでなく、生者同士の絆《きずな》を結びつけるためでもある。こうした生者同士のつながりから、過去への新たな眼差しが生じる。それゆえ、過去は未来と同等に、私たちの前途に待ち構えているのである。子どもたちの好奇心を、私たちが生き生きとしたものに保つことができる限り。

(1) Edelman. G., *Bright Air, Brilliant Fire: On The Matter Of The Mind*, New York. Basic Books, 1992.〔ジェラルド・エーデルマン『脳は空より広いか――「私」という現象を考える』、豊島良一監修、冬樹純子訳、草思社、二〇〇六年〕。

訳者あとがき

本書は、セルジュ・ティスロン Serge Tisseron, *Les secrets de famille*（Coll. Que sais-je, n° 3925）の全訳である。原著は二〇一一年に一般向け概説書として出版され、ティスロンのこれまでの他の数多くの著作と同じか、またはそれ以上に好評を博している。テレビでは本書の主題である「家族の秘密」をもとにしたドキュメンタリー番組も制作された。今回の翻訳では二〇一七年の改定版に準拠している。

精神科医で精神分析家でもある著者の略歴については、同じ文庫クセジュ・シリーズの『レジリエンス』の訳者あとがきをはじめ、氏の他のいくつかの邦訳書でも紹介されている。戦後のフランス精神分析の流れから、「皮膚‐自我 Moi-peau」概念で知られるディディエ・アンジューおよびニコラ・アブラハム、マリア・トロークの『表皮と核』における一連の論考の理論的継承者のひとりである。こうした前の世代の精神分析家たちの影響を引き受けつつ、本書でも紹介されている『タンタンの冒険』シリーズの作者エルジェの病跡学的考察が注目されてからも、家族の秘密という主題は氏の関心領域のひとつであり続けている。まえがきでも記されている通り、本書は二十世紀末に著者が一般向けに著した『家族の秘密――その取扱い説明書』（*Secrets de famille, Mode d'emploi*, Marabout 社、一九九六年）の続編にあたるが、単なる増補解説ではなく、その間に（日本では「失われた二十年」と称される）生じてきた、個人や集団さらには社会や文化が包み込んできたり、逆に露《あら》わにしてきた秘密そのものの変質を考慮にいれた概説書となっている。

いわゆる情報化社会の爛熟とともに、本邦でも秘密の取り扱い方が社会問題化されるようになって久しい。ニュースの政治や社会面をみても、秘密に関連した法案が審議されて論争を引き起こし、個人や企業の秘密情報がネット上で流出するたびに社会を揺るがせている。医療倫理面でも、カルテの個人情報や研究データの保持や開示の問題が、よりいっそう厳しく問われるようになった。個人や夫婦間から組織・国家レベルに至るまで、秘密情報の取り扱い方に失敗すると、些細なことが取り返しのつかないインパクトを及ぼす事例は、枚挙にいとまがない。対人関係面でみると、人間同士の諸関係を分節し、さまざまな精神病理学現象を発現する裏には秘密があるといってよいだろう。一方で、「秘密」という主題を伴ったマンガやゲーム、探偵小説などは、幼かった私たちを、いや大人になっても心躍らせ続けている。こうした秘密の魅力がどこから生じるのかについて、本書は、特に家族にまつわるさまざまな事例をもとに、その悪魔的な誘惑、さらには世代を通じてトラウマ的に別様に作用しうる危険性を説明する。

秘密の役割や個人・集団心理に関して、本邦の精神医学、精神分析の諸専門家たちの間でも、早くから強い関心がもたれてきた。詳細は成書にゆずるとして、ここでは代表的な論考について、ごく私的に描写しておく。まずは、「甘え理論」で一般にもよく知られた精神科医で精神分析家の土居健郎は、秘密の精神病理を主題に、簡潔ながらもいくつか鋭い考察を発表してきた。[*1] すなわち、精神疾患(特に統合失調症)の病態が、秘密に対する構えや処し方によって理解できる可能性について言及している。そして、西欧科学の発展とともに初期の心理療法が、告白という様式に基づいて発展してきた功罪を指摘した。同じく、精神科医で精神分析家の小此木啓吾も、現代社会を生きる上での秘密の価値や心理作用について一般向けに展望している。[*2] そこでは、秘密の内容が問題なのではなく、むしろ形式的な心理作用の諸側面の相違を理解することの重要性が指摘されている。精神科医で精神分析家の北山修もまた、日本の昔話、とくに「鶴女房」をはじめとする日本の悲劇的説話のなかに、「見るなの禁止」とまとめられる「隠す―暴く」、「見知る―見知られる」といった幻滅への不安に対する防衛機制が働いていることを指摘した。[*3] 彼らは、主として秘密の対象関係論的な観点から、こうした欲望と禁止をめぐる日本的な罪責感の発生について独自の論を展開している。

本邦における精神療法、心理療法といった実践は、技術《スキル》とともに技芸《アート》の側面で論ぜられることも多い。そこには古くからの、世阿弥による『風姿花伝』の「秘すれば花」で表わされる価値観が見受けられる。治療的面接のコツを、後進たちに惜しみなく教示してきた精神科医の神田橋條治もまた、秘密の役割に関心をもっていた。[*4] 精神分析もまた十九世紀的な「汝、隠すなかれ」という倫理的価値観を免れていない限界点を指摘した土居らの考察をさらにすすめ、自験例を提示しつつ、秘密を告白すること以上に、告白しないでいること、話したい欲求と話したくない気持ちの双方に配慮して、語りつくすまえに、時には主体が秘密を抱える力を保ったまま去りゆくことの意義に言及していた。

こうした一九七〇年代から八〇年代に花開いた、本邦における秘密の精神病理・精神分析学的考察は、その後、世紀をまたいで、しばらく理論的な棚上げともいうべき時期を経る。二十一世紀に入ってから、特に二〇一一年以降に、秘密をめぐって人文科学分野からの問題意識が否応なく高まっている。例えば、ラカン派精神分析家の立木康介は、現代文明が、本来なら秘すべき私的領域を開示し、内面を露出することを奨励していることと、心理学の大衆化、あるいは社会が心理学化していく過程とがパラレルに生じていることを指摘する。[*5] そして、前世紀に『陰翳礼讃』を著した谷崎潤一郎などを引き合いに出し、あらゆる空間から闇との親密さを消去してしまった社会の生きづらさについて考察をすすめている。フランス思想研究者の守中高明もまた、フーコーやデリダの思想を導きの糸として秘密や告白の問題について取り上げ、戦後日本社会が包み込み、しばしば忘却、隠蔽してきた問題について照射している。[*6]

前述した諸考察は、それぞれの視点から秘密について言及しているとはいえ、必ずしも「家族の」秘密に固有の思考ではないという批判もあろう。それを理解するには、まずもって自らのそれに感性を向けて、特別な誰かに語りだすことから始まる。本邦では、もっぱら秘密の対人関係論が展開されてきたが、最近の神経科学の潮流では、脳を標的器官とみなして、秘密に関連した恥（羞恥）や情動について探究する姿勢がみられている。かつて小此木が指摘したように、今日のコミュニケーションは、自己露出と自己客観化の技術を巧みに身につけた人たちの行動パフォーマンスによって成り立っている。これから臨床で求められているのは、秘密の社会心理学や発達精神病理学の再構築かもしれない。

原作者のティスロン氏は、『レジリエンス』に続いて、今回もまた日本語版への序文を引き受けてくれた。家族や個人という概念が、そもそもフランスとはだいぶ異なる日本の読者に向けて、いかなるメッセージを伝えるかで氏も悩まれたようである。フランスでも昨今、日本と同じように、秘密の役割を再認する思潮がみうけられるが、[*7]氏のそれは、その流れに棹さしてはいない。本書は内容からみても、『レジリエンス』の姉妹本として位置づけることができる。あるはずの物語は伝えられず、家族神話も成立しえない、秘密を抱えた個人や集団の中で、レジリエンスが引き出される、または、それが妨げられる背景には何が蠢いているのか。トラウマをめぐる情動の扱い方、ソーシャル・メディアやテクノロジー、世代間伝達の問題にも常に関心を払ってきた著者の考え方の一端を知ることができよう。

ひとつだけ私的な思い出を記しておく。原著の初版が発刊されたとき、訳者は当時まだフランス・パリに住んでいて、原著を書店の平積みでみつけたとき、これはまさしく時柄を得た概説書であり、是非とも日本に戻って紹介したいと思った。二〇一一年三月十一日後の一連の出来事から半年が過ぎた頃で、個人情報をめぐってネット上で災厄に見舞われたり、本書を携えて駅のホームでメトロを待っているときに、友人から子どもの誕生を知らせる歓喜のメールを受け取った経験などが、本書にまつわる思い出としていつも想起される。こうした記憶も、どうやら家族の秘密と分かちがたく結びついているようである。

帰国後の再順応に多くの備給を要する日々を経て、ようやく本書の翻訳に取り掛かりはじめたのは、すでに数年経過して、実践の半分以上を鹿児島に移してからであった。訳者の活動に常日頃から理解を示してくれている家族のみならず、周りの人たち、とりわけ伊敷病院の同僚たちの支えに感謝したい。加えて、校正段階で、秘密の精神病理をテーマとした討論に協力してくれた東洋大学大学院文学研究科哲学専攻二〇一七年度後期「実践哲学特論」履修学生（内田くん、小笠原さん、杉橋さん）には、下訳原稿を読んで検討する作業をともにすることができた。どうもありがとう。また、フランス滞在の機会を与えて頂き、家族の秘密という概念について文字通り身をもって教えて頂いた東京医科歯科大学精神行動医科学教室の西川徹先生、大島一成先生には、今更ながら深い感謝の気持ちを記しておく。

訳語についてひとこと。本書では、geste（しぐさ）、mimique（身振り）とひとまず訳し分けたが、gesteは「素振《そぶ》り」の方が良い場合もある。本文献【44】の著者で歴史学者J-C. シュミットの名著ではgesteが身ぶりとして訳されている（『中世の身ぶり』、みすず書房、一九九四年）。

個人にも、どこの組織や集団、さらには仮想空間上にも「秘密」は遍在する。うまく機能していれば、それは「秘訣」であり、そうでなければ病原的に働くこともある。心の苦悩を抱える主体にとって、第三者を通じて秘密の存在に気づくことは、自らが生との折り合いをつけていく支えを見いだす第一歩になるだろう。訳者が携わってきた白水社文庫クセジュでの翻訳書は、『レジリエンス』、『うつ病』に続いて本書が三冊目となる。当初からこれが一番、手掛けたかった主題であった。企画をすすめて頂いた白水社編集部担当の小川弓枝さんには、ここに三たび、感謝の気持ちを伝えたい。

二〇一八年春　訳者より

参照
＊1　土居健郎『表と裏』、弘文堂、一九八五年。
＊2　小此木啓吾『秘密の心理』、講談社現代新書、講談社、一九八六年。

＊3 北山修『悲劇の発生論』（増補新装版）、金剛出版、一九九七年。

＊4 神田橋條治「「秘密」の役割」（『発想の航跡』（神田橋條治著作集）より p.169）、岩崎学術出版社、一九九八年。

＊5 立木康介『露出せよ、と現代文明は言う――「心の闇」の喪失と精神分析』、河出書房新社、二〇一三年。

＊6 守中高明『ジャック・デリダと精神分析――耳・秘密・灰そして主権』、岩波書店、二〇一六年。

＊7 Anne Dufourmantelle, *Défense du secret*, Manuels Payot、二〇一五年。

参考文献

【1】Abraham N., Torok M., *L'Écorce et le Noyau*, Paris, Flammarion, 1978.〔ニコラ・アブラハム，マリア・トローク『表皮と核』大西雅一郎他訳，松籟社，2014年〕

【2】Aïn J. *et alii*, *Transmissions. Liens et filiations, secrets et répétitions*, Ramonville-Saint-Agne, Érès, 2003.

【3】Ainsworth M.D., *Infancy in Uganda : Infant Care and the Growth of Attachment*, Baltimore MD, The John Hopkins Press, 1967.

【4】Ancelin Schützenberger A., *Aïe, mes aïeux*, Paris, La Méridienne, 1993.

【5】Ausloos G., «Secrets de famille», in J.-C. Benoit (dir.), *Changements systémiques en thérapie familiale*, Paris, ESF Éditions, 1980, p. 62-80.

【6】——, «Œdipe et sa famille, ou les secrets sont faits pour être agis» *Dialogue*, 70, 1980, 83-92.

【7】Balmary M., *L'Homme aux statues —— Freud et la faute cachée du père*, Paris, Grasset, 1979.〔マリー・バルマリ『彫像の男——フロイトと父の隠された過ち』岩崎浩訳，哲学書房，1988年〕

【8】Bateson G., *Vers une écologie de l'esprit*, Paris, Seuil, 1980.〔グレゴリー・ベイトソン『精神の生態学』佐藤良明訳，新思索社，2000年〕

【9】Bergmann M., Jucouy H., *Generations of the Holocaust*, New York, Basic Books, 1982.

【10】Boszormenyi-Nagy I., Spark G.M., *Invisible Loyalties*, New York, Harper & Row, 1965.

【11】Bowlby J., *Attachement et perte* (1969-1980), trad. J. Kalmanovitch, B. de Panafieu et D. E. Weil, Paris, Puf, 1978-1984, 3 vol.〔ジョン・ボウルビィ『母子関係の理論』全3巻，黒田実郎他訳，岩崎学術出版社，1991年〕

【12】Bradfer M., *Fils de prêtre*, Paris, Éditions Elytis, 2003.

【13】 Brenot J.-L., Brenot M., « L'organisation mentale d'enfants cryptophores », *Psychiatrie française*, 1985.
【14】 Carel A., « Paradoxalité et générationnel », *Revue de psychothérapie psychanalytique de groupe*, 22, 1994, p. 95-113.
【15】 Cyrulnik B., *Le Murmure des fantômes*, Paris, Odile Jacob, 2003.
【16】 Davoine F., Gaudillière J.-M., *Histoire et trauma*, Paris, Stock, 2006.
【17】 Delaume C., *Dans ma maison sous terre*, Paris, Seuil, 2009.
【18】 De Singly F. *et alii*, *La Famille, l'état des savoirs*, Paris, La Découverte, 1991.
【19】 Eiguer A., *Un divan pour la famille*, Paris, Le Centurion, 1983.
【20】 ——, *et alii*, *Le Générationnel, approche en thérapie familiale psychanalytique*, Paris, Dunod, 1997.
【21】 ——, Granjon E., Loncan A., *La Part des ancêtres*, Paris, Dunod, 2006.
【22】 Elkaïm M. (avec Caroline Glorion), *Comment survivre à sa propre famille ?*, Paris, Seuil, 2006.
【23】 Faimberg H., « À l'écoute du télescopage des générations : pertinence psychanalytique du concept », in R. Kaës, H. Faimberg *et alii*, *Transmission de la vie psychique entre générations*, Paris, Dunod, 1993.
【24】 Fedida P., Guyotat J., *Mémoires, transferts*, Paris, GREUPP Éditions, 1986.
【25】 Ferreira A.J., « Family Myths », in P. Watzlawick, J.H. Weakland, *The Interactional View. Studies at the MRI (Palo Alto, 1965-1974)*, New York, Norton, 1977, p. 49-55.
【26】 Ferenczi S., *Œuvres camplètes*, tome II : 1913-1919, Paris, Payot, 1970.〔参考：フェレンツィ『精神分析への最後の貢献――フェレンツィ後期著作集』森茂起，大塚紳一郎，長野真奈訳，岩崎学術出版社，2007年〕
【27】 Fonagy P., *Théorie de l'attachement et psychanalyse*, Paris, Érès, 2004.〔ピーター・フォナギー『愛着理論と精神分析』遠藤利彦，北山修訳，誠信書房，2008年〕

【28】 Goldensohn L., *Les Entretiens de Nuremberg* (1946), présentés par Robert Gellately, Paris, Flammarion, 2004.
【29】 Granjon E., « Transmission psychique et transferts en therapie familiale psychanalytique », *Gruppo 5*, 1989, p. 47-58.
【30】 ——, « Perspective psychanalytique : souffrance familiale et thérapie familiale psychanalytique », in P. Angel et P. Mazet (dir), *Guérir les souffrances familiales*, Paris, Puf, 2004.
【31】 Haley J., *Nouvelles stratégies en thérapie familiale*, Paris, Delarge, 1979.
【32】 Huston N., *Lignes de faille*, Arles, Actes Sud, 2006.〔ナンシー・ヒューストン『時のかさなり』横川晶子訳, 新潮社〈新潮クレスト・ブックス〉, 2008年〕
【33】 Kaës R. *et alii*, *Transmission de la vie psychique entre les générations*, Paris, Dunod, 1993.
【34】 Kohut H., *Le Soi* (1971), Paris, Puf, 1974.〔ハインツ・コフート『自己の分析』水野信義, 笠原嘉監訳, みすず書房, 1994年〕
【35】 Kreissler L., *La Psychosomatique de l'enfant*, Paris, Puf, « Que sais-je ? », 2001.
【36】 Mauss M., *Sociologle et anthropologie*, Paris, Puf, 1950.〔マルセル・モース『社会学と人類学』有地亨, 伊藤昌司, 山口俊夫訳, 弘文堂, 1973年〕
【37】 Mijolla A. de, *Les Visiteurs du moi*, Paris, Les Belles Lettres, 1986.
【38】 Miller A., *Le Drame de l'enfant doué*, Paris, Puf, 1990.〔アリス・ミラー『新版　才能ある子のドラマ——真の自己を求めて』山下公子訳, 新曜社, 1996年〕
【39】 Minuchin S., *Familles en thérapie*, Paris, Delarge, 1979.〔サルヴァドール・ミニューチン『家族と家族療法』山根常男監訳, 誠信書房, 1984年〕
【40】 Nachin C., *Le Deuil d'amour*, Paris, Éditions universitaires, 1989 ; rééd. L'Harmattan, 1993.
【41】 ——, *Les Fantômes de l'âme*, Paris, L'Harmattan, 1993.
【42】 Piaget J., *La Naissance de l'intelligence chez l'enfant*, Neuchâtel, Delachaux & Niestlé, 1936.〔ジャン・ピアジェ『知

能の誕生』谷村覚，浜田寿美男訳，ミネルヴァ書房，1978年〕
【43】 Ricœur P., *Temps et récit*, Paris, Seuil, 1983.〔ポール・リクール『時間と物語』久米博訳，新曜社，2004年〕
【44】 Schmitt J.-C., *Les Revenants, les vivants et les morts dans la société médiévale*, Paris, Gallimard, 1994.〔ジャン=クロード・シュミット『中世の幽霊――西欧社会における生者と死者』小林宣子訳，みすず書房，2010年〕
【45】 Selvini Palazzoli M. *et alii*, *Paradoxe et contre-paradoxe* (1975), Paris, ESF Éditions, 1978.
【46】 Semprun J., *L'Écriture ou la Vie*, Paris, Gallimard, 1994.〔ホルヘ・センプルン『ブーヘンヴァルトの日曜日』宇京頼三訳，紀伊国屋書店，1995年〕
【47】 Snyders J.-C., *Drames enfouis*, Paris, Buchet-Chastel, 1996.
【48】 Stern D. N., *Le Monde interpersonnel du nourrisson, une perspective psychanalytique et développementale*, Paris, Puf, 1989.〔D.N.スターン『乳児の対人世界 理論編』（1989年），『乳児の対人世界 臨床編』（1991年），小此木啓吾，丸田俊彦監訳，神庭靖子，神庭重信訳，岩崎学術出版社〕
【49】 Tisseron S., *Geste graphique et fantasme dépressif*, Thèse de doctorat, Psychologie clinique, Université Paris-X, Nanterre, 1983.
【50】 ——, *Tintin chez le psychanalyste*, Paris, Aubier, 1985.
【51】 ——, *Tintin et les secrets de famille* (1989), Paris, Aubier, 1990.
【52】 ——, *La Honte, psychanalyse d'un lien social*, Paris, Dunod, 1992.〔『恥――社会関係の精神分析』大谷尚文，津島孝仁訳，法政大学出版局，2001年〕
【53】 ——, *Secrets de famille, mode d'emploi* (1996). Paris, Hachette, 1997.
【54】 ——, *L'Intimité surexposée*, Paris, Ramsay, 2001 ; rééd. Hachette, 2003.
【55】 ——, *Vérités et mensonges de nos émotions*, Paris, Albin Michel, 2005.
【56】 Tisseron S., Torok M. *et alii*, *Le Psychisme à l'épreuve des générations, clinique du fantôme*, Paris, Dunod, 1995.

【57】Winnicott D. W., «La crainte de l'effondrement», *Nouvelle Revue de psychanalyse*, Paris, Gallimard, [19741] 1975 pour la trad.〔ウィニコット D.W.「破綻恐怖」p.111-121,『精神分析的探求1　精神と身体（ウィニコット著作集6）』館直彦他訳, 岩崎学術出版社, 2001年〕

雑誌

【58】*Enfance et psy*, «Le secret», n° 39, Ramonville-Saint-Agne, Érès, 2008.
【59】*Études psychanalytiques*, «Imaginaire et inconscient», «Le secret» n° 7, Paris, Bayard, 1993.
【60】*Nouvelle Revue de psychanalyse*, «Du secret», n° 14, automne 1976.
【61】SIGILA, *Revue transdisciplinaire franco-portugaise sur le secret*, «Le temps du secret», n° 10, Pans Éd. Gris-France, automne-hiver 2002.

子ども向け書籍

【62】Tisseron S., *Le Petit Livre pour bien vivre les secrets en famille*, Paris, Bayard Jeunesse, 2006 (à partir de 7 ans).
【63】——, *Le Mystère des graines à bébé* (avec des dessins de Aurélie Guillerey), Paris, Albin Michel Jeunesse, 2008 (à partir de 3 ans).

訳者略歴
阿部又一郎（あべ ゆういちろう）
1999年，千葉大学医学部卒業，精神科医．2008年，フランス政府給費生として渡仏して臨床研修．2011年，東京医科歯科大学大学院医歯学総合研究科博士課程修了（医学博士）．現在，伊敷病院勤務，東京医科歯科大学，東洋大学非常勤講師．
主な訳書に，『フランス精神分析における境界性の問題』（共訳，星和書店），『双極性障害の対人関係社会リズム療法』（監訳，星和書店），『レジリエンス』（白水社文庫クセジュ），『うつ病』（共訳，白水社文庫クセジュ）など．

文庫クセジュ Q 1020
家族の秘密

2018年5月25日 印刷
2018年6月15日 発行
著 者 セルジュ・ティスロン
訳 者 © 阿部又一郎
発行者 及川直志
印刷・製本 株式会社平河工業社
発行所 株式会社白水社
東京都千代田区神田小川町3の24
電話 営業部 03(3291)7811 / 編集部 03(3291)7821
振替 00190-5-33228
郵便番号 101-0052
www.hakusuisha.co.jp

乱丁・落丁本は，送料小社負担にてお取り替えいたします．
ISBN978-4-560-51020-9
Printed in Japan

文庫クセジュ

哲学・心理学・宗教

13 実存主義
114 プロテスタントの歴史
193 哲学入門
199 秘密結社
228 言語と思考
252 神秘主義
326 プラトン
342 ギリシアの神託
355 インドの哲学
362 ヨーロッパ中世の哲学
368 原始キリスト教
417 デカルトと合理主義
444 旧約聖書
461 新しい児童心理学
474 無神論
487 ソクラテス以前の哲学
500 マルクス以後のマルクス主義
510 ギリシアの政治思想
519 発生的認識論
525 錬金術
535 占星術
542 ヘーゲル哲学
546 異端審問
558 伝説の国
576 キリスト教思想
592 秘儀伝授
594 ヨーガ
607 東方正教会
625 異端カタリ派
680 ドイツ哲学史
704 トマス哲学入門
708 死海写本
722 薔薇十字団
733 死後の世界
738 医の倫理
739 心霊主義
751 ことばの心理学
754 パスカルの哲学
763 エゾテリスム思想
764 認知神経心理学
773 エピステモロジー
778 フリーメーソン
780 超心理学
789 ロシア・ソヴィエト哲学史
793 フランス宗教史
802 ミシェル・フーコー
807 ドイツ古典哲学
835 セネカ
848 マニ教
854 子どもの絵の心理学入門
862 ソフィスト列伝
866 透視術
874 コミュニケーションの美学
880 芸術療法入門
891 科学哲学
892 新約聖書入門
900 サルトル
905 キリスト教シンボル事典
909 カトリシスムとは何か

文庫クセジュ